Madeira ganz anders

2 Wochen zu Fuß über die Blumeninsel
Ein Reisebericht mit Tourenbeschreibungen
von Andrea Kullak

ORIGINALAUSGABE BOOK ON DEMAND
© **Rechte aller Texte und Grafiken:** Andrea Kullak

Autorin: Andrea Kullak, Kempten 2002
Fotos und Grafiken: Ralf Einsiedler, Andrea Kullak
Lektorat: Carola Heine, Ingrid Kullak

Druck- und Bindearbeiten:
Books on Demand GmbH (www.bod.de)
Printed in Germany

Madeira ganz anders
2 Wochen zu Fuß über die Blumeninsel
Ein Reisebericht mit Tourenbeschreibungen

ISBN: 3-8311-4479-6
Preis: 7,80 €

Für **Ralle**, den besten Allgäuer von allen, der freudig und begeistert fast alle meine Reiseideen mitmacht und ohne den vieles deutlich komplizierter wäre.

Mein Dank geht an Carola Heine, ohne die ich nicht auf die Idee gekommen wäre, ein Buch aus meinen Erlebnissen zu machen.

Die Levada do Inferno

Inhalt

Die Reise-Erzählung **7**

Anreise 22.05.2001... 7

Ponta di São Lourenço 23.05.2001 10

Nach Porto da Cruz 24.06.2001 17

Die Forellen-Levada 25.05.2001 25

Durch den längsten Tunnel 26.05.2001............................... 30

Im madeirensischen Hochgebirge 27.05.2001 46

Entlang der Wasserscheide 28.05.2001............................... 51

Levada extrem 29.05.2001 57

Auf den Pico Grande 30.05.2001 64

Endlich mal Ausruhen 31.05.2001 69

Nach Rabaçal 01.06.2001 72

Der lange Weg nach Porto Moniz 02.06.2001 81

Rückreise nach Funchal 03.06.2001 88

Ein Tag in Funchal 04.06.2001... 91

Wieder nach Hause 05.06.2001 94

Selber machen? **95**

Kurzinfo Madeira 96

Die Routen 97

Touristische Hinweise 108

Die Checklisten 110

Gibt's die Bilder auch in bunt?.. 111

Wer? 112

Am Risco-Wasserfall: Blick aus einem Galeriefenster

Die Reise-Erzählung

Anreise
22.05.2001

Es geht los

Die Planung war nicht viel weiter als bis zum Ziel der Reise gekommen: Madeira sollte es sein, die grüne Blumeninsel im Atlantik. Zum Wandern vorzüglich geeignet, wenn man der einschlägigen Literatur Glauben schenken wollte. Eine Unterkunft hatten wir noch nicht, dafür hatten wir in unsere großen Rucksäcke alles gepackt, was wir für drei Tage ohne Kontakt zur Zivilisation brauchen würden.

20 Kilo Allernötigstes für jeden ergab das als Traglast. Wir machten uns dennoch recht unbeschwert auch den Weg zum Münchener Flughafen. Urlaub! Es konnte nur klasse werden.

Der Flug verlief problemlos, die kleine Verspätung in München hatte der Pilot problemlos mit *Schleichwegen*, wie er das nannte, wieder reingeholt und wir landeten pünktlich in Madeira.

20 Kilo Allernötigstes für jeden

Busfahren

Am Flughafen erstanden wir in der Information erst mal einen Busfahrplan für die Insel. Wir hatten vor, alle Strecken, die wir nicht laufen konnten (oder wollten) mit dem Bus zurückzulegen und wir hofften damit für alle Eventualitäten gerüstet zu sein.

Während des Fluges hatten wir uns entschieden, im äußersten Osten zu beginnen und uns dann zum äußersten Westen durchzuarbeiten. Der Grund für diese Entscheidung war vor allem, dass Porto Moniz im äußersten Westen an diesem Tag nicht mehr zu erreichen war. Nach Caniçal, unserem Ziel für heute, fuhr dagegen häufig ein Bus.

Wir fanden die Bushaltestelle erst nach einigem Suchen, denn sie lag ein wenig abseits. Vor dem Flughafen standen nur endlos viele Touristen-Busse herum – für die richtige Bushaltestelle war wohl kein Platz mehr gewesen und so hatte sie auf die Zufahrtsstrasse weichen müssen.

Offensichtlich war der Bus nach Caniçal gerade eben erst weggefahren. Der nächste Bus fuhr erst in 1 ½ Stunden. War zwar Pech, aber immerhin schafften wir es in der Zeit, den ausgehängten und ziemlich verwirrenden Fahrplan zu verstehen. Das würde uns unheimlich nützlich sein, dachten wir, denn der Inselfahrplan, den wir gekauft hatten, umfasste zwar alle größeren Buslinien, war aber hinsichtlich der Abfahrtszeiten recht dürftig. Dies sollte für 2 Wochen der letzte Fahrplan sein, den wir zu Gesicht bekamen.

Als der Bus schließlich auftauchte, staunten wir nicht schlecht über das uralte Gefährt. Der Busfahrer wollte uns fast nicht mitnehmen, weil er dachte, wir wollten nach Funchal (auf Madeira wollen scheinbar alle nach Funchal) ließ uns aber dann doch einsteigen, nachdem wir ihm mühsam mit Händen und Füssen klar gemacht hatten, dass wir tatsächlich woanders hin wollten. Mit den dicken Trekking-Rucksäcken war es uns fast unmöglich, sich durch den engen Mittelgang in dem 5-reihigen Bus (2 Reihen links, 3 rechts) zu zwängen. Noch dazu war der Bus gesteckt voll. Wir platzierten uns strategisch günstig an der hinteren Tür und hofften, da möglichst wenig im Weg zu sein.

3 Haltestellen lang funktionierte das gut, dann kamen wir nach Machico. Da wollten viele Leute raus und viele Leute rein. Erst waren wir die Ursache für einen kleinen Stau an der hinteren Tür, dann verzogen wir uns auf 2 leer gewordene Sitzreihen (vorn die Rucksäcke, dahinter wir, um sie festzuhalten) und waren endlich verräumt. Der Bus füllte sich mehr und mehr bis die Leute schließlich so dicht standen, dass niemand mehr umfallen konnte.

Nach und nach tröpfelten die Leute wieder aus dem Bus raus, bis wir in Caniçal am Hafen fast allein darin saßen. Dort stiegen wir aus und hielten erst mal nach einer Bar Ausschau. Wir hatten fürchterlich Durst. Erst mal trinken wir etwas, dann suchen wir das Hotel, dachten wir uns.

Caniçal

Eine Bar war schnell gefunden (sie lag genau gegenüber der Bushaltestelle) und das Bier, das dort ausgeschenkt wurde, schmeckte richtig gut. Das waren ja prima Aussichten für den weiteren Verlauf des Urlaubs! Ich ergriff die Gelegenheit beim Schopf und fragte die Barfrau nach einem Hotel. Ihr Englisch war für so eine umfassende Auskunft wohl nicht ausreichend, denn sie griff sich einen Bekannten und der erklärte uns, wo das einzige Hotel sei. Wir hätten etwa 10 Minuten laufen müssen.

Dann fragte er, ob er uns gleich hier unten ein Zimmer besorgen solle? Na klar! Wir waren begeistert und er schnappte sich den Ralle (Ha! Ich liebe es, wenn nicht immer ich alles organisieren muss!) und verschwand mit ihm im Haus gegenüber.

Wir bekamen ein nettes günstiges Mini-Appartement über einem Friseurladen. Ohne Hilfe hätten wir die Unterkunft nie gefunden, denn einen Hinweis auf die Apartments gab es nämlich nicht. Nach kurzem Kartenstudium beschlossen wir, gleich 2 Tage hier zu bleiben, denn die Wanderung über die Halbinsel Ponta do São Lorenço, die wir am nächsten Tag machen wollten, würde wieder hier enden.

Unsere Runde durchs Dorf zeigte, dass wir zufällig direkt im Zentrum aus dem Bus gestiegen waren. Nur hier unten gab es offene Restaurants. Immerhin fanden wir noch einen *Mini-Mercado*, in dem wir uns Rotwein für abends besorgten. Wir entschieden uns für ein Restaurant, in dem schon 2 Leute saßen und Fisch aßen.

Das war auch das einzige, was man dort essen konnte: Fisch. Das passte uns gut, denn wenn wir Bergbewohner ans Meer kommen, dann wollen wir nur eins: Dinge aus dem Meer essen. Die Bedienung zeigte uns den Tagesfang an Fisch. Es gab entweder Dorade oder einen roten etwas größeren Fisch. Wir entschieden uns beide für die Dorade.

Die gegrillte Dorade war ein Gedicht. Sie war so fein, dass es kaum ins Gewicht fiel, dass die mitgelieferten Pommes ziemlich lätschig waren. Außerdem gab es Salat dazu und wir probierten einen *Vinho Verde*, laut Führer eine Spezialität von Madeira. Der war nicht schlecht, der grüne Wein. Leicht und trocken und gut bekömmlich.

Ponta di São Lourenço
23.05.2001

Frühstück

Wir hatten schon am Vorabend nachgefragt, wo wir ein Frühstück bekommen könnten. Leider machte die Bar, die uns unser freundlicher Helfer genannt hatte, doch erst später auf. Da wir das erst nach dem Einkauf im *Mini-Mercado* festgestellt hatten, mussten wir schon am ersten Tag auf unsere mitgebrachten Camping-Vorräte zurückgreifen.

Eigentlich kein Problem, aber für den Ralle war das ein Schock.

"Was!? Das ist der ganze Kaffee, den du mitgenommen hast?", fragte er entgeistert angesichts des relativ kleinen Tütchens löslichen Kaffees, das ich eingepackt hatte.

Ich versprach, dass wir am Abend gleich Kaffee nachkaufen würden, auch wenn ich der Überzeugung war, dass uns der Kaffee für unsere paar Camp-Tage locker reichen würde – selbst wenn wir hier in Caniçal 2 mal davon frühstücken müssten.

Aufbruch

Um zum eigentlichen Startpunkt der Wanderung über die Halbinsel Ponta de São Lourenço zu kommen, mussten wir erst mal etwa 5 Kilometer auf der Strasse zu diesem Parkplatz laufen, wo der Wanderpfad begann. Wir dachten, das würde kein Problem sein, denn den ersten Teil hätten wir laut Karte mit einem Weg entlang der Küste abkürzen können.

Leider war die Karte nicht mehr ganz aktuell, denn da, wo der Weg hätte sein sollen, versperrte uns der Maschendrahtzaun einer neuen Fabrik den Weg. Wir bissen also in den bitteren Apfel und liefen die Strasse entlang. An sich wäre das kein Problem gewesen, denn der Verkehr hielt sich in Grenzen. Etwa alle 10 Minuten sauste ein Kieslaster mit großen Felsbrocken an uns vorbei und lieferte vom nahen Steinbruch Material für die Mole der Fabrik, die da unten grad aufgeschüttet wurde.

Leider aber mussten wir die ersten zwei Kilometer am Zaun dieser Fabrik entlang laufen – 2 Meter hoher dunkelgrüner Maschendrahtzaun. Ganz am Anfang befand sich der Zaun sogar an beiden Seiten der Strasse, so dass wir uns fast wie beim Ausgang auf dem Gefängnishof fühlten.

Endlich draußen

Als wir dann aber endlich Caniçal und die Fabrik hinter uns gelassen hatten, entschädigte uns die Landschaft für den ungemütlichen Start. Von wegen, 'Madeira, die grüne Blumeninsel': die Halbinsel war trocken und zerrissen. Pflanzen, die offensichtlich für trockenes Klima ausgelegt waren, säumten den Straßenrand. Keine Ahnung, wie die hießen, aber die kaktus-ähnlichen Gewächse hatten wunderschöne rote Blüten.

Obwohl hin und wieder ein Auto und zweimal sogar ein Bus an uns vorbei fuhr, hatten wir das Gefühl, allein unterwegs zu sein. Was für ein Schock, als wir alle Fahrzeuge, die in den letzten zwei Stunden an uns vorbei gefahren waren, an genau dem Parkplatz vorfanden, wo die eigentliche Wanderung begann! Das hätten wir uns eigentlich denken können – die Strasse war eine Sackstrasse.

Nun gut. Madeira ist nun mal eine Wanderinsel. Wir fanden uns innerlich damit ab, selten allein mit uns und der Natur zu sein. Im Lauf des Tages stellten wir dann aber fest, dass sich die vielen Leute großzügig auf der Halbinsel verteilten.

Kaktuspflanze

Ponta do São Lourenço

Gleich nach dem ersten Hügel zeigte die Halbinsel, was sie zu bieten hatte: Hohe schroffe Felsabstürze ins Meer, zerrissene Lavafelsen, absurde Felsformationen, kontrastreiche farbenfrohe Lavafelswände und oben drauf eine trockene sanft gewellte Grassteppe mit gelegentlichen größeren Gewächsen. Wir kamen aus dem Gucken nicht raus.

Der 'gefährliche' Höhepunkt der Wanderung, wo man hoch über dem Meer über die schmalste Stelle der Halbinsel gehen musste, war für uns natürlich kein Problem. Wir schritten in flotter Gangart an einer kleinen Gruppe Engländer vorbei, die abfallenden Felsen wie eine Treppe benutzend. Die Frau, die sich gerade mit beiden Händen in den Fels gekrallt, rückwärts die Felsstufe hinabkämpfte, war ziemlich schockiert: "There is an easier way, is there?", fragte sie ihre Begleiter. Nein, war nicht, aber Übung macht den Meister!

Die 'Ureinwohner'

Kurz vor dem eigentlichen Endpunkt der Wanderung machten wir eine kurze Pause um etwas zu trinken. Ich setzte mich auf einen Absatz und stützte mich mit den Händen hinter mir ab, während ich darauf wartete, dass der Ralle den Rucksack mit den Getränken öffnete. Als ich eine Fliege von meiner Hand schütteln wollte, sah ich im Augenwinkel, wie mir eine Eidechse von der Hand sprang.

Eine Eidechse? Ich stellte meine Hand wieder hin. Sofort kamen Eidechsen angesaust und untersuchten das fremde Objekt in ihrem Revier neugierig. Sekunden später kletterte schon die erste auf meine Hand. Es dauerte nicht lang, bis sich auch ein paar Wagemutige den Arm hinauf und über den T-

Eine Frechdechse in meinen Haaren

Shirt-Ärmel auf meine Schulter wagten. Gerade, als sich die erste Eidechse an den Zöpfen entlang auf meinen Kopf hinauf gewagt hatte, kam eine Frau ums Eck und japste entsetzt auf. Die Eidechsen erschraken und sausten in Deckung. Schade!

Wir machten uns auf den Weg zum Endpunkt der Wanderung. Das war der höchste Punkt auf der Halbinsel und dort endete der Weg. Die Halbinsel ging zwar noch ein ganzes Stück weiter, aber der Abstieg von hier zum Meer war steil und geröllig und nicht wirklich ratsam. Es war ziemlich voll hier oben, deswegen beschlossen wir, zu unseren Freunden, den Eidechsen, zurückzukehren und dort Pause zu machen. Vorher aber genossen wir den grandiosen Ausblick noch ein wenig.

Grassteppe und steile Abbrüche

Brotzeit

Am Eidechsenplatz machten wir Brotzeit. Die Frechdechsen ließen sich gern mit Brotstückchen füttern und zerrten uns das Brot gierig aus der Hand. Das Brot festhalten, um die Tiere Stückchenweise abbeißen zu lassen, war gar nicht so einfach.

Die Eidechsen fanden vor allem den Geruch der Landjäger begeisternd, die wir zu unserem Brot aßen. Scheinbar jede versuchte (und das nicht nur einmal), ob die Finger, die da so verführerisch dufteten, vielleicht nicht doch essbar wären. Zuerst waren die Bisse recht zaghaft, aber dann tat es fast weh. Aber nur fast, Eidechsen sind halt doch eher klein.

Lavafelsen auf der Ponta do São Lourenço

Vom Essen wird man müde und so streckte ich mich auf ein paar Steinen aus und machte es mir in der Sonne bequem. Natürlich wollte ich auch austesten, wie mutig die Eidechsen wirklich waren. Ralle folgte meinem Beispiel.

Amüsiert beobachtete ich, wie sich die Eidechsen immer weiter auf mich hinauf wagten, als plötzlich hinter mir ein lautes "Autsch!" zu hören war. Eine besonders mutige Eidechse hatte den Ralle in die Lippe gebissen! Offensichtlich roch es dort ganz besonders fein nach Landjäger. Nachdem ihn noch eine zweite freche Eidechse in die Lippe gebissen hatte, brachen wir das Experiment ab und machten uns auf den Rückweg.

Ein Fehler

Der Rückweg verlief zwar zum großen Teil auf demselben Pfad wie der Hinweg, aber durch den veränderten Sonnenstand und die andere Blickrichtung konnten wir immer wieder etwas Neues entdecken. Am Touristen-Parkplatz gönnten wir uns an einem Kiosk-Auto ein kaltes Bier zur Stärkung für den Heimweg. Dann marschierten wir zurück nach Caniçal.

Ich musste mich auf halbem Weg umziehen, weil ich Gefahr lief, mir mit meiner super-kurzen Hose die Oberschenkel aufzulaufen. Ich zog eine lange Hose an und stattdessen das T-Shirt aus. Zum Hitze-Ausgleich zusagen.

Mit warmen Beinen und mit einem recht kühlen Oberkörper fühlte ich mich nicht schlecht, bis der Ralle meinte: "Deine Schultern sehen aber ganz schön rot aus." Auwei! Ich hatte glatt vergessen, mich dort einzucremen, wo vorher das T-Shirt war. Ich streifte es sofort über, doch es war schon zu spät – ich hatte mir einen Super-Sonnenbrand auf den Schultern eingehandelt. Genau dort, wo am nächsten Tag der Rucksack liegen und scheuern würde.

"Selber schuld!" Der Ralle hatte kein Mitleid. Warum auch? Er hatte den ganzen Tag den einen Rucksack getragen (Freiwillig! Meine Angebote, ihm das Ding mal abzunehmen waren samt und sonders ignoriert worden.) und viel mehr geschwitzt als ich. Sein T-Shirt hätte er also so oder so nicht ausziehen können und er hatte mich lautstark beneidet, als ich so leicht und locker vor ihm her flaniert war.

Der Abend in Caniçal

Auf dem Weg durchs Dorf stürmten wir den ersten *Mini-Mercado*, an dem wir vorbei kamen und besorgten das Frühstück für den nächsten Tag. Der Ralle bestand auf mehr Kaffee und besorgte seinen Suchtstoff, ich kümmerte mich um Frühstück und Proviant. Schwierig war eigentlich nur, Brot zu finden. Das einzige, was aufzutreiben war, waren so seltsame Milchsemmeln. Na, besser gar nichts.

In unserem Apartment duschten wir erst mal ausgiebig und zogen dann gleich wieder los. Bei der gestrigen Runde durchs Dorf hatten wir am Hafen das *Museu da Baleio*, das Walfang-Museum von Caniçal, entdeckt. Wir schafften es gerade noch, dem Museum einen Besuch abzustatten, bevor es schloss.

Es war recht interessant, die alten Gerätschaften und Bilder anzuschauen. Bei der Vorstellung, mit welch mickriger Ausrüstung die Männer früher den Walen entgegengetreten waren, schüttelte es mich. Unter anderem ist dort auch ein Unterkieferknochen eines Pottwals ausgestellt. Das Ding ist knapp 4 Meter lang!

Wir erfuhren, dass die ehemaligen Walfänger des Dorfes inzwischen für die Umweltschutzbehörde arbeiten und unter anderem auch Whale-

Watching-Ausflüge anbieten. Damit verdienen die Leute mehr als vorher mit dem Walfang und deswegen sind sie höchst engagiert dabei, ihre frühere Beute zu schützen. Ich hätte am liebsten einen kleinen geschnitzten Pottwal gekauft, doch ich fürchtete, er würde 2 Wochen im Rucksack nicht unbeschädigt überstehen.

Diesmal gingen wir in ein anderes Restaurant. Es lag ein wenig versteckt in einer Seitenstrasse und wir hatten es gestern gar nicht gesehen. Wir waren die einzigen Gäste, ein seltsames Gefühl. Es war fast so, als hätten wir privates Service-Personal. Der Spaziergang durchs Dorf danach fiel natürlich ein bisschen kürzer aus als am Vortag, dafür genossen wir unseren Wein in der kleinen Küche.

Abendliche Freuden

Nach Porto da Cruz
24.06.2001

Der nächste Schock

Die Schaukelei in dem relativ weichen Bett hatte sich in Grenzen gehalten und so wachten wir recht erholt wieder auf. Wie gestern piepste der Wecker um 6.30h, aber um diese Jahreszeit war es auf Madeira so früh noch gar nicht richtig hell. Um 7.00h standen wir auf und machten uns Frühstück.

Schon wieder ein Schock für den Ralle: er hatte beim Einkaufen gestern **koffeinfreien Kaffee** erwischt. Und das auf einer portugiesischen Insel, wo der Kaffee so fein war! Es hätte nicht viel gefehlt und er hätte die ganze Dose entsorgt ...

Wir mischten unseren Kaffee mit dem koffeinfreien Kaffee. Ich fand, dass der Geschmack gar nicht so schlimm war, aber der Ralle wurde nicht müde zu betonen, wie grässlich das Gesöff sei. Neuen Kaffee kaufen wollte mein sparsamer Allgäuer dann aber auch nicht.

Entlang der Küste

Kurz nach 8 Uhr verließen wir Caniçal auf einem schmalen Weg am Meer entlang in Richtung Machico. Wir folgten einer Tour, die im Führer genau anders herum beschrieben war. Am Anfang war das kein Problem, doch nachdem wir über ein kleines steinernes Bogenbrücklein gegangen waren, verschwand der Weg beinahe im dichten Bewuchs. Da der Führer keine große Hilfe war, mussten wir ziemlich aufpassen.

Es war nicht einfach, dem Pfad zu folgen. Offensichtlich war der Weg nicht allzu häufig begangen, denn Gras, Büsche und Ranken wuchsen quer über den Weg, so dass das Gehen manchmal ein wenig beschwerlich war – vor allem dann, wenn die Ranken Brombeeren waren.

Ich war froh, dass ich die lange Hose angezogen hatte, auch wenn es ziemlich warm war. So verkratzte ich mir die Wadeln nicht gar so. Als der Ralle dann noch ein kleines 8-beiniges Tierchen von seinem Bein pflückte, war ich noch froher: Er hielt eine Zecke in der Hand!

Die lokale Fauna

Wir streiften die Tierchen so gut es ging von den Beinen und der Hose und beeilten uns, aus dem verwachsenen Hang zu kommen - was nicht ganz einfach war, denn vor uns hatten sich drei junge Stiere auf unserem Pfad niedergelassen. Angesichts des dichten Bewuchses des Hangs war es aussichtslos, die 3 Jungs umgehen zu wollen. Wir hielten also auf sie zu und hofften, dass die drei Kerle die Klügeren wären.

Der letzte Stier auf dem Rückzug

Tatsächlich, Schritt für Schritt zogen sich die Tiere vor uns zurück und machten uns in einem kleinen Wäldchen Platz. Ich war sehr erleichtert. So richtig wohl war mir bei dem Gedanken, die Stiere womöglich mit Gewalt vom Weg drängen zu müssen, nicht gewesen. Und ich war heilfroh, dass die Tiere noch so jung waren.

Kurz nach dem Wäldchen kamen wir auf ein Plateau auf einem Grat. Hier untersuchten wir uns gegenseitig auf Zecken. Es sah bestimmt witzig aus, wie jeweils einer von uns die Hosen runterließ und sich die Kehrseite vom anderen absuchen ließ. Aber die Maßnahme war sinnvoll und nötig. Die Zecken waren an der Innenseite der Kleidung ein ganzes Stück weit nach oben gekrabbelt. Glücklicherweise hatte noch keine zugebissen. Wir wussten ja nicht, ob die madeirensischen Zecken auch so grässliches Zeug übertragen wie die in Deutschland heimischen. Wir wollten jedenfalls sicher gehen.

Der restliche Pfad war weniger überwachsen. Wir erreichten einen schönen Aussichtspunkt direkt über Machico und machten uns von dort aus auf den Weg, die Insel von Süden nach Norden zu überqueren.

Die erste Levada

Dabei machten wir Bekanntschaft mit unserer ersten Levada, der Levada do Caniçal.

Die Levadas sind das uralte Bewässerungskanalsystem auf Madeira. Vom vergleichsweise regenreichen Norden führen offene Kanäle Wasser über viele Kilometer mit minimalem Gefälle quer über die Insel.

Sie sind je nach Gelände nett bis spektakulär angelegt. Teilweise wurden Levadas in senkrechte Felswände gehauen, um keine Höhenmeter zu verschenken. Wo der Weg außen herum allzu umständlich wurde (oder nicht möglich war), wurden die Kanäle durch Tunnels geführt.

Neben diesen Kanälen gibt es Wartungswege, deren Breite je nach Gelände zwischen 2 Metern und 30cm liegt. Durch die Levadas gibt es auf Madeira ein Netz aus Wegen, die nahezu keine Steigung aufweisen und die dennoch durch die spektakulärsten Landstriche führen. Die Levadas stellen allerdings teilweise sehr hohe Ansprüche an Trittsicherheit und Schwindelfreiheit.

Die Wanderung entlang der Levada do Caniçal war richtig angenehm. Wir waren inzwischen in so einer Art Heide- und Lorbeerwald angelangt und es war richtig schön kühl. Nach dem warmen Aufstieg durch den Zeckenhang, war das eine willkommene Abwechslung. Von den viele Blumen, die angeblich überall entlang der Levadas wachsen sollten, war hier allerdings noch nichts zu sehen.

Im hintersten (das heißt im nördlichsten) Eck verließen wir die Levada, um zur Boca do Risco hochzusteigen. Im Führer stand etwas von einer steifen Brise, die immer über diesen Pass wehen sollte, aber wir hatten Glück. Am Pass wehte nur ein leichtes (dafür aber recht kühles) Lüftchen. Wir machten erst mal auf einem etwas windgeschützten Plätzchen Brotzeit.

Die Nordküste

Die steile Nordküste, an der wir entlang laufen würden, war ein großartiger Anblick. Etwa 400m unter uns toste das Meer gegen die zerklüftete Küste. Bis fast auf unsere Höhe sah man entweder extrem steile rotbraune Felsen oder ebenso steile grüne Wiesen. Der obere Teil der Küste war mit dunkelgrünem Lorbeerwald bewachsen und die Spitzen des Kamms verschwanden im Nebel. Wild sah das aus, Natur pur sozusagen, ein anderer Begriff kam mir nicht in den Sinn.

Die wilde Nordküste

Der Weg entlang der steilen Küste war im Führer als teilweise ausgesetzt beschrieben, aber allzu sehr fiel uns das nicht auf. Das lag daran, dass wir oft durch Lorbeerwald liefen und so die Steilheit nicht direkt mitbekamen. Und wohl auch daran, dass wir steiles Gelände gewohnt waren. Der lange Weg hoch oben entlang der Küste bot jedenfalls Augenschmaus satt. Ich konnte gar nicht genug kriegen von den genialen Farben.

Irgendwie hatte ich gedacht, dass wir am anderen Ende der Steilküste nur noch ein paar Meter bis zu unserem Ziel hätten. Als Porto do Cruz dann durch eine Lichtung im Kiefernwald auftauchte, war ich entsetzt: das waren noch mindestens 2 ½ Stunden! Und das auch noch im Abstieg – mir tat eigentlich schon alles weh.

Blick auf Porto do Cruz, noch weit, weit weg

Zunächst konnte von Abstieg aber gar keine Rede sein. In sanftem Auf und Ab wanden wir uns in fast immer gleicher Höhe die Küste entlang. Als wir dann endlich Larano, einen kleinen Weiler, und damit die Teerstrasse erreichten, ging es umso steiler bergab.

Am Meer

Der Abkürzungsweg zum Meer war im Führer etwas umständlich beschrieben und so nahmen wir prompt die falsche Abzweigung, einen schmalen Treppenweg durch die Häuser des Dorfes hindurch. Der führte uns zwar auch zum Ziel, aber wir hatten ständig das Gefühl, durch fremder Leute Schrebergärten zu stapfen. Die Leute schienen das aber nicht so zu empfinden, denn sie grüßten nur freundlich und ganz und gar nicht verwundert oder verärgert zurück.

Am Meer begingen wir dann noch einen Fehler. Das Ziel Porto do Cruz und ein Bier in einer Hafen-Bar vor dem geistigen Auge, passten wir nicht so recht auf, wo der Weg entlang führte und standen plötzlich kurz vor dem Ziel vor einer steilen Felswand, an deren Fuß sich fröhlich große Brecher überschlugen. Der Weg? Der hatte sich irgendwo unbemerkt auf dem groben Kiesstrand von uns verabschiedet.

Wir hatten die Wahl: Zurückzugehen und sicher und trockenen Fußes eine halbe Stunde später beim Bier zu landen oder trotz der großen schweren Trekkingrucksäcke eine lustige Kletterpartie auf dem nassen Sandsteinverhau vor uns zu wagen.

Wir kletterten. Der Ralle zuerst, dann ich. Die 'Schlüsselstelle' war ein riesengroßer Schritt (oder ein kleiner Sprung) von einem nassen Felsen auf einen anderen nassen Felsen, der ein wenig tiefer lag. Dazwischen/darunter tosten fröhlich die Wellen.

Die 10 Zentimeter, die der Ralle größer ist, verschafften ihm den entscheidenden Vorteil. Scheinbar mühelos machte er den großen Schritt. Ich holte tief Luft, schritt aus ... und stand mit jeweils einem Bein auf einem der Felsen. "Gefangen!", dachte ich. Die riesige Welle, die sich unter mir aufbaute und die mich bestimmt erwischt hätte, gab den Ausschlag. Mit dem letzten bisschen Kraft, das ich noch aufbringen konnte, stieß ich mich ab und war drüben. Und sehr erleichtert.

Endlich da

Der Rest war ein Kinderspiel. Wir überquerten noch ein paar Meter Strand, schlugen uns durch ein paar Büsche und standen schließlich auf der Hafenstrasse von Porto da Cruz. Und die nächste Bar war auch nicht weit weg. So ein kühles großes Bier ist doch was richtig Feines!

Gemütlich saßen wir Schatten der Hafen-Bar, genossen unser Bier und beguckten den Hafen von Porto do Cruz. Ich sah mich schon in diesem Meerwasserbecken an der linken Seite baden gehen. Wir wussten, dass das günstige Hotel direkt am Hafen liegen musste, deswegen fragte ich unsere Bedienung, wo das Hotel sei. Sie deutete auf das Haus gegenüber. Na prima! Wir gönnten uns erst mal Kaffee.

Nach einer Weile stiefelten wir dann auf das Hotel zu, um ein Zimmer zu bekommen. Im Hotel herrschte große Verwirrung, der Portier war wohl nicht da und der Aushilfs-Portier suchte verzweifelt nach irgendwas. Es versicherte uns aber, dass das mit dem Zimmer kein Problem sei. Wir warteten. Und warteten. Und warteten.

Endlich tauchte der Portier auf. Zuerst fragte er: "Would you please show me your voucher?" Was für ein Voucher?

Es stellte sich heraus, dass das Hotel bis unter die Dachbalken belegt war. Um genau zu sein, war ganz Porto do Cruz so voll, auch wenn man das dem verschlafenen Nest nicht ansah (na ja, allzu viele Leute passen ja auch nicht in 2 kleine Hotels). Ohne Reservierung kein Zimmer, so sah es aus. Der Portier empfahl uns, nach São Roque do Faial oder nach Santana auszuweichen. Wir wichen erst mal in den Schatten der Kirche aus, um die Karte zu studieren.

Ortswechsel

Um vernünftig weiterwandern zu können, passte uns weder São Roque noch Santana in den Kram. Laut Karte war in Portela ein Hotel. Von dort würden wir weiterwandern können. Da ging zwar auch ein Bus hin, aber der fortgeschrittenen Zeit wegen wollten wir ein Taxi nehmen. Vorher kauften wir noch in einem Mini-Mercado Proviant ein, für den Fall, dass wir da oben auch nichts kriegen würden. Dann würden wir einfach ein Stück weitergehen und an einer Levada campen, dachten wir uns.

Der Taxifahrer verstand kein Wort Englisch, also war die Frage, ob er denn meine, dass wir in Portela ein Zimmer bekommen würden, umsonst. Er hatte aber wohl von allein den Verdacht, dass es da oben genauso trüb aussehen würde. Er fuhr nämlich nicht ab, als wir in das Hotel gingen. Richtig, auch da war nichts frei. Ganz kurz überlegten wir, ob wir nun wirklich zum Campen gehen sollten, dann siegte die Sehnsucht nach einer Dusche.

Mit Händen und Füssen erklärten wir, dass wir gerne in ein Hotel in São Roque do Faial wollten. Da gäbe es aber nur eines und Santana sei besser, gab er uns zu verstehen. Santana war aber noch weiter von da weg, wo wir hinwollten und wir müssen schrecklich traurig ausgesehen haben.

Der Taxifahrer durchwühlte einen ganzen Stapel Visitenkarten und telefonierte kurz. Dann teilte er uns freudestrahlend mit, dass es im Hotel in São Roque tatsächlich noch ein freies Zimmer gäbe. Während all dieser Verhandlungen und der Telefonate sauste er völlig unbeeindruckt in rasantem Tempo die enge kurvige Strasse nach Porto do Cruz hinunter.

Das Hotel Rural, in dem wir sehr freundlich empfangen wurden (dass abgerissene Rucksack-Touristen nicht unbedingt bettelarm sein müssen, hat sich inzwischen glücklicherweise überall herumgesprochen), war zwar recht klein, aber dafür umso hübscher. Und es war noch dazu richtig günstig. Nach kurzem Kartenstudium beschlossen wir, gleich 2 Tage hier zu bleiben. Der morgige Tag würde dann zwar recht lang, aber wegen des Hotelproblems wären wir sowieso wieder hier gelandet.

Zum Abendessen versuchten wir etwas, das die Hotelfrau als gemischtes Fleisch mit Pilzen, Tomaten, Zwiebeln und Oliven und haufenweise Pommes beschrieb und von dem ich den Namen vergessen habe. Es war sehr gut und wie sie versprochen hatte, sehr viel. Wir schafften es trotzdem, fast alles aufzuessen.

Schale mit Papageienblumen

Die Forellen-Levada
25.05.2001

Aufbruch

Wider Erwarten war das Frühstück Klasse. Es gab sogar Rühreier. Unsere Führer hatten behauptet, das typische portugiesische Frühstück bestünde aus Kaffee und gebuttertem Toast. So war das Frühstück mit Schinken, Käse und Marmelade (nicht unbedingt alles auf einmal) und dem Omelett eine freudige Überraschung.

Wir hatten vor, unsere erste 'richtige' Levada-Wanderung zu machen. Die Levada do Caniçal, der wir von Machico aus ein Stück gefolgt waren, zählte nicht richtig, fand ich. Die war viel zu zahm und harmlos. Das Besondere an Levadas ist ja auch, dass sie spektakulär angelegt sind.

Afrikanische Liebesblume

Dass São Roque do Faial ziemlich abgelegen ist, hatten wir gestern schon gemerkt. Wir hatten uns auf unserer Karte eine Runde ausgesucht, die zwar recht lang war, aber die durchaus machbar schien. Leider mussten wir einen Teil davon auf (vermutlich wenig befahrenen) Strassen zurücklegen.

Die lange Strasse

Der erste Teil von São Roque nach Ribeiro Frio war so ein Stück Strasse. Wir hatten auf der Karte 8 Kilometer geschätzt und 700 Höhenmeter ausgerechnet. Etwa 2 Stunden zu laufen nahmen wir an.

Von dem guten Frühstück gestärkt, marschierten wir fröhlich los. Die Strasse ließ sich nicht lumpen und stieg sofort steil an. Kurz hinter uns waren zwei alte Frauen losgelaufen, die mit kurzen Röcken und Gummistiefeln wohl auf dem Weg zu einem Feld waren. Wir ließen sie bald hinter uns – und staunten nicht schlecht, als sie nach der nächsten Kurve vor uns auftauchten. Die Damen kannten sich einfach besser aus und kürzten ab, wo es ging. Das konnten wir nicht, weil unsere Karte zu schlecht (Maßstab 1:75.000) war und so trafen wir die beiden ein paar Mal.

Nachdem wir durch das letzte Dorf auf der Strasse nach Ribeiro Frio gekommen waren, gelangten wir endlich in den Wald. Es wurde langsam ganz schön heiß, deswegen waren wir froh über den Schatten der Bäume. Hier wuchsen auch endlich mal ein paar der vielen Blumen, für die Madeira so bekannt ist (in den Dörfern wuchsen natürlich auch viele Blumen, aber die in den Gärten waren ja angepflanzt).

Ribeiro Frio mit Madeiras höchsten Bergen im Hintergrund

Es dauerte endlos, bis wir endlich Ribeiro Frio erreichten. Wir hatten uns auf der Karte gründlich verschätzt. Der Weg war deutlich länger und wir brauchten über 3 Stunden, um bis zum Start der Levada zu kommen.

In Ribeiro Frio stolperten wir völlig unvorbereitet in die Touristen-Massen. Den ganzen Hochweg waren wir nur ein paar Mal von einem Auto überholt worden und hatten nur wenige Leute gesehen. Als wir um die letzte Kurve vor Ribeiro Frio bogen, standen wir plötzlich vor 3 Bussen und entsprechend vielen Leuten. Wir verzogen uns ganz schnell auf den Levadaweg.

Die Forellen-Levada

Die Levada do Furado war richtig nett. Erst spazierten wir gemütlich auf einem breiten Weg nebeneinander durch den Lorbeer- und Heidewald, dann wurde der Weg immer enger und schließlich durften wir sogar stellenweise auf der Levada-Mauer balancieren. Die war zwar nur etwa so breit wie zwei Füße nebeneinander, aber durch den dichten Wald fühlte man sich überall sicher.

Die Vegetation hier schrie geradezu 'Urwald!'. Wo immer ein Stückchen Erde zu finden war (und manchmal auch dort wo sich keine fand), wuchs irgendwas. Von der Bergseite tropfte überall Wasser in kleinen und winzigen Rinnsalen in die Leveda und es war ganz einfach nur grün, grün, grün. Und teilweise ganz schön dunkel, obwohl 'draußen', also außerhalb des dichten Bewuchses, die Mittagsonne am strahlend blauen Himmel stand.

Die Levada do Furado

Die Levada folgte in gleichbleibender Höhe allen Einschnitten des steilen Abhangs. In den tieferen Einschnitten stürzten kleinere Wasserfälle in tiefe Gumpen. Die Levada nahm die Wasserfälle nicht auf, sondern lief unter den Wasserfällen entlang. In so einem Fall verlief der Weg ein Stück vorher zu der Gumpe hinunter und auf der anderen Seite wieder hinauf zur Levada. Wir wollten aber die ganze Levada laufen und folgten der Levada selber. Unter den meisten Wasserfällen konnte man sich leicht hindurch ducken und man wurde nur minimal nass.

An einem netten Flecken, wo auch ein wenig Sonne durch die dichte Vegetation kam, machten wir Mittagspause. Kaum hatten wir uns gesetzt, kamen völlig unerschrockene Buchfinken angesaust und wollten gefüttert werden. Gerade, als ich einen so weit hatte, dass er mir ein Stückchen Brot aus den Fingern picken wollte, kamen Leute ums Eck. Der kleine Vogel erschrak und flog weg. Schade!

Im weiteren Verlauf der Levada, durften wir uns durch eine enge Felsspalte quetschen (nun ja, ganz so eng war sie dann doch nicht) und betraten unseren ersten Levada-Tunnel. Wobei Tunnel vielleicht ein wenig hochtrabend ausgedrückt ist für die paar 3 bis 6 Meter langen engen Löcher.

Ein Buchfink

Der Rückweg

Kurz nach dem letzten Tunnel verließ die Levada den steilen Berghang und teilte sich am Wasserhaus Lamaceiros. Wir folgten dem schmaleren Teil, der über einige steile Stufen in Richtung Portela hinabstürzte. Genau, Portela, wo wir am Vorabend kein Zimmer bekommen hatten.

Der breite Weg war bequem zu gehen und wir diskutierten das weitere Vorgehen. Dadurch, dass der Hochweg auf der Strasse so lang gedauert hatte, waren wir ziemlich spät dran mit unserem Zeitplan. Und es stand zu erwarten, dass wir uns bei den Strassen auch verschätzt hatten. Wir beschlossen, mit einem Taxi zurück zum Hotel zu fahren. Zuerst mit einem halb schlechten Gewissen, aber als wir dann vorgeführt bekamen, wie weit der Weg tatsächlich noch gewesen wäre, war zumindest ich heilfroh über diese Entscheidung.

Der Tag war zwar noch nicht richtig zuende, als wir im Hotel ankamen, aber er musste wohl doch anstrengend gewesen sein, denn wir dösten beide nach dem Duschen auf dem bequemen Bett ein, auf das auch so nett die Sonne schien und das neben diesem Fenster stand, durch das so ein beruhigendes Froschkonzert klang,. Doch, die Taxi-Entscheidung war eine gute gewesen!

Planen

Als wir wieder wach waren, setzten wir uns auf die Terrasse des Restaurants und planten bei einem Kaffee und danach bei einem Bier die nächsten Tage. Wir wollten aus der Zivilisation verschwinden und 3 Tage lang die Wildnis im Inneren der Insel genießen. Das wollte wohl geplant sein.

Unter anderem mussten wir uns auch mit dem Proviant beschäftigen. Für das Abendessen war gesorgt. Wir hatten für 3 Abende Nudeln und Suppe (das ergibt einen dicken Eintopf) dabei. Aber wir brauchten ja auch Frühstück und Brotzeit. Und Wein. Ein Camp-Abend ohne Wein - nicht auszudenken!

Beim Mini-Mercado ein paar Meter die Strasse runter deckten wir uns ein: Käse, Hartwürste und 2 Flaschen Wein. Das Brot sollten wir lieber am nächsten Tag kaufen, meinte der Inhaber. Er mache um 8 Uhr auf.

Zum Abendessen bestellten wir diesmal Espetada. Das sind Ochsenfleisch-Spieße vom Grill, die an einem Eisengestell aufgehängt am Tisch serviert werden. Gewürzt war das Fleisch vor allem mit Knoblauch und mit Lorbeer und es schmeckte sehr gut. Dazu gab es die obligatorischen lätschigen Pommes und eine große Platte Salat.

Durch den längsten Tunnel
26.05.2001

In die Wildnis

Der Startpunkt für unsere Tour 'into the wild' war wieder Ribeiro Frio. Dass wir in der Lage waren, die lange Strasse da hinauf zu laufen, hatten wir ja schon bewiesen, deswegen bestellten wir uns nach dem Frühstück ein Taxi und ließen uns hinauf fahren. Erstaunlich, wie schnell man doch ist, wenn man läuft. Das Taxi brauchte immerhin eine halbe Stunde.

Der Balkon, mit dem Pico Ruivo im Hintergrund

Zunächst gingen wir zu *Balcões*, dem laut Führer berühmten und beliebten Aussichtsbalkon von Ribeiro Frio. Der Führer empfahl, sehr früh zu kommen, weil da noch wenig los sei und er hatte recht. Wir waren gegen halb 10 Uhr auf dem Balkon und es befanden sich nur 2 Leute dort, die recht schnell verschwanden.

Die Aussicht war tatsächlich großartig. Von links bis gerade vor uns konnten wir die hohen Berge in Madeiras Zentrum - einschließlich Pico Ruivo - begucken, fast senkrecht unter uns war das Kraftwerk Faja de Nogueira zu sehen und ganz links konnte man bis ans Meer bei Santana schauen und die zerklüftete Gegend um São Roque bewundern.

Balcões

Der Balkon selber verdient auch Erwähnung. Auf einem hohen, ausgesetzten, um die hundert Meter fast senkrecht abfallenden Felsen war eine kleine Plattform gemauert und ein Geländer aus krüppeligen Ästen montiert. Es sah wirklich nett aus, allerdings hätte ich der Konstruktion mein Gewicht mit dem Rucksack nicht anvertrauen wollen.

Nachdem die beiden Besucher gegangen waren, wähnten wir uns ganz allein und diskutierten das weitere Vorgehen. Leider hatten wir auf der Levada do Furado, auf der wir eigentlich weitergehen wollten ein "Für Fußgänger verboten" Schild gesehen. Nun würde uns so ein Schild normalerweise nicht davon abhalten, dort entlang zu gehen, wenn wir nicht Gefühl gehabt hätten, das Schild hinge dort, weil, die Levada unpassierbar sei. Genau diese Levada war nämlich im Führer nicht beschrieben, wir hatten den heutigen Weg zum großen Teil direkt aus der Karte.

Dummerweise bot sich von Balcões aus kein Alternativweg an. Wir hätten 500 Höhenmeter auf dieser langweiligen Strasse, die wir gestern hoch gelaufen waren, absteigen müssen, um das Kraftwerk durch das Tal zu erreichen. Todlangweilige Aussichten!

Ein Stückchen über uns ließ sich eine Stimme vernehmen, die meinte, mit ein bisserl Trittsicherheit könne man durchaus über die Levada weitergehen und dann über einen Weg, der in der Karte nicht eingezeichnet sei, zum Kraftwerk absteigen.

Der Besitzer der Stimme war die ganze Zeit ungesehen auf einem Felsen über uns gesessen und hatte sich sicherlich amüsiert. Wir unterhielten uns ein Weilchen mit ihm und bekamen viele wertvolle Tipps. Beispielsweise, dass der Levada-Tunnel unter dem Pico Ruivo durch wirklich begehbar sei, auch mit Rucksack – eine Frage, die uns bei der

Planung doch ein wenig beschäftigt hatte. Offensichtlich hatten wir einen richtigen Madeira-Fan vor uns. Er selber zeltete ein Stück weiter unten auf der gesperrten Levada und war eigentlich noch dabei, bei der schönen Aussicht vom Balkon aus zu frühstücken.

Die Levada

Wir verabschiedeten uns und gingen zur Levada zurück. "Gehma oda Gehmanet?", war die Frage. Wir beschlossen, erst mal zu gucken und stapften los, die Levada entlang ins Tal hinein. Kurz nachdem wir das Zelt des freundlichen Auskunftsgebers passiert hatten, kamen wir an eine Engstelle. Die Levada schlängelte sich unterhalb eines dicken abdrängenden Felsens durch, rechts daneben ging es erst etwa 10 Meter senkrecht runter und dann steil den bewaldeten Abhang hinab.

Ohne Rucksack waren die 5 Meter auf der Levada nicht allzu schwierig zu überwinden. Man schmiegte den Bauch an die Felsen und trippelte mit kleinen seitlichen Schritten vorbei. Mit Rucksack half auch Baucheinziehen nichts. Der schwere und ausladende Rucksack zog einen unweigerlich nach hinten und weil der Felsen nichts zum Festhalten bot, wurde man abgedrängt.

Wir nahmen die Rucksäcke ab. Der Ralle balancierte auf die andere Seite und ich reichte ihm dann einen Rucksack nach dem anderen. Das ging grad so. Wäre die Stelle breiter gewesen, hätten wir uns etwas anderes einfallen lassen müssen.

Unsere Diskussion ums Weitergehen flammte erneut auf. Wenn die Levada noch schwieriger würde, müssten wir endgültig umdrehen und würden viel Zeit verlieren. Die Alternative mit dem Endlosmarsch die Strasse hinunter war allerdings auch nicht besonders attraktiv.

Abstieg ins Tal

Die Debatte fand ein abruptes Ende, als wir einen kaum zu erkennenden, aber mit einem Stück rot-weißen Plastikband markierten Weg ins Tal hinunter fanden. War das nun der Weg, von dem der Mann vorhin gesprochen hatte? War das überhaupt ein Weg? In der Karte war nichts eingezeichnet, aber dass unsere Karten von Madeira qualitativ einige Wünsche offen ließen, das wussten wir ja nun schon.

Risikofreudig nahmen wir die Herausforderung an. Schlimmstenfalls müssten wir halt wieder zurück und die ganze Planung für die nächsten Tage komplett über den Haufen schmeißen. Na und?

Der Weg war zwar undeutlich und schmal, aber zweifelsfrei vorhanden. An besonders unübersichtlichen Stellen war er sogar mit weiteren Plastikbändern markiert. Dass er nicht offiziell war, ließ sich an den Bäumen, die darüber gefallen waren und an den teilweise weggespülten Stellen deutlich zu erkennen. Dafür war er ruhig, einsam, kühl und größtenteils recht gut zu gehen. Nur ganz am Ende war der Abstieg ein wenig schwierig, weil er recht steil und schmierig war.

Das Tal entlang

Wir stapften langsam die staubige Strasse zum

Abstieg ins Tal

Kraftwerk Faja de Nogueira entlang. An einer scharfen Kurve kamen wir an einem Haus vorbei, in dem 2 Hunde wohnten, die hinter ihrem Zaun fürchterlich bellten und die sich aufführten, als täten wir etwas schrecklich Verbotenes.

Grinsend neckten wir sie ein wenig ("Komm, Wuffi, führ dich nicht auf. Kannst da ja doch nicht raus!") und gingen weiter. Die Hunde empfanden unsere Neckereien als den persönlichen Angriff, der sie waren, und sausten wütend hinter dem Zaun hin und her. Wir ließen sie hinter uns und stapften weiter die staubige Strasse entlang.

Kaum waren wir um die nächste Kurve gebogen, holten uns die bellenden Hunde ein. Äußerlich keine Angst zeigend (innerlich jedoch war zumindest mir nicht ganz wohl) luden wir die beiden ein, uns ein Stück zu begleiten. Das nahmen die Hunde so ernst, dass wir uns kurz vor dem Kraftwerk Gedanken machten, wie wir die beiden wieder loswerden könnten. Wir wollten nicht wieder wie damals auf Teneriffa einen (oder mehrere) Begleithunde haben. Wir jagten sie mühsam weg und gingen dann weiter, am Kraftwerk vorbei Richtung Pico Ruivo.

Die beiden großen Lorbeerbäume kurz vor der Levada do Pico Ruivo, die im Führer extra erwähnt waren, weil sie so alt waren, dass sie schon standen, als die Insel entdeckt wurde, waren weniger beeindruckend, als ich mir vorgestellt hatte. Ich weiß nicht recht, was ich erwartet hatte, doch was ich sah, war irgendwie enttäuschend.

Als wir die Levada do Pico Ruivo erreichten, waren wir erstaunt. Die Levada war zunächst überall abgedeckt, so dass der Eindruck entstand, auf einem breiten Fahrweg zu laufen. Da kam gar kein Levada-Feeling auf, aber dafür war der Weg bequem und schön zu gehen, nach dem heißen Aufstieg eine angenehme Abwechslung.

Ein ernst zu nehmendes Hindernis

Zunächst verlief der Weg der Bergflanke folgend völlig unspektakulär weiter auf den Pico Ruivo zu. Nach den ersten kleinen Tunnelchen sahen wir rechts von uns einen großen Bergrutsch. Wir diskutierten noch über die Steilheit der erdigen Hänge und darüber, wie instabil diese wohl wären, als wir nach dem nächsten Tunnel an eine scharfe Biegung kamen und feststellten, dass unser Levadaweg direkt im Bergrutsch verschwand.

Oh Nein! Und das, nachdem wir schon einen dreiviertel Tag unterwegs waren!

Bei gründlicher Betrachtung des Erdrutsches und der senkrechten Felswand dahinter, konnten wir uns nicht vorstellen, dass die Levada um die Felsen herum führen würde. Vor uns war sicherlich ein Levadatunnel. Die Frage war nur - kam man an den Tunnel ran?

Wir ließen die Rucksäcke zurück und folgten vorsichtig ein paar Steigspuren durch/über den Erdrutsch. Der Blick nach oben war nicht unbedingt ermutigend - der Hang sah aus, als könne jeden Moment rote Erde und Geröll nachrutschen. Wir vertrauten darauf, dass dies ohne äußere Einwirkung, Regen beispielsweise, erst mal nicht passieren würde.

Der Erdrutsch

Tatsächlich, die Steigspuren führten nur bis etwa in die Mitte des Erdrutsches. Unter einem großen Felsbrocken war ein Loch von etwa 50 cm auf 80 cm. Ich leuchtete mit der Stirnlampe hinein. Es sah so aus, als würde sich das Loch nach unten erweitern, aber außer Schmutz und roter Erde war aus der hellen Mittagsonne heraus wenig zu erkennen.

Weiter? Oder doch nicht?

Nach einer kurzen Diskussion krabbelte der Ralle in das Loch hinein, um es zu untersuchen. Die Wahrscheinlichkeit, dass wir da einen Zugang zur Levada entdeckt hatten, war recht groß. Möglicherweise war es aber auch bloß ein Dreckloch.

Die Stabilität des Ganzen ließ sich schwer abschätzen. Immerhin führten ein paar Spuren hinein oder hinaus. Aber das könnten ja auch Leute gewesen sein, die wie wir nur nicht aufgeben wollten und die dann unverrichteter Dinge wieder abziehen mussten.

Es geht weiter!

Der Ralle blieb verdächtig lange weg. Ich war schon drauf und dran, die zweite Stirnlampe zu holen, um ihm nachzusteigen, da kam seine Stimme aus dem Loch. Ich verstand ihn erst, als er mich unter dem Felsen heraus angrinste: "Da geht es weiter!"

Wir holten die Rucksäcke. Um sie durch das Loch bugsieren zu können, mussten wir das vorsichtig noch ein wenig vergrößern. Der Ralle kletterte wieder hinein und ich reichte ihm die Rucksäcke runter. Dann stieg ich selber nach.

Erst mal rieselte mir eine Ladung Dreck in den Nacken und drinnen sah ich nach dem hellen Licht draußen trotz Stirnlampe erst mal gar nichts. Dann gewöhnten sich meine Augen an das Licht und ich sah, dass wir direkt vor dem Eingang zum Levadatunnel standen. Es war ein relativ langer Tunnel, doch wir konnten schon das Licht am anderen Ende erkennen.

Der Ralle war vorhin deswegen so lange weg gewesen, weil er geschaut hatte, wie es am anderen Ende des Tunnels aussah. Gut, stellte auch ich fest. Es gab keine Spur eines weiteren Erdrutsches und das Talende, wo der Eingang zum Pico Ruivo Tunnel sein musste, war fast schon greifbar nah.

Weiter!

Ganz stimmte das dann doch nicht. Wir mussten noch über 2 weitere Bergrutsche steigen. Die waren aber vergleichsweise klein und auf den vorhandenen Steigspuren unschwer zu überklettern.

Nach dem letzten Bergrutsch stießen wir auf Schienen. Aha, die Spur der Loren, die durch den Pico Ruivo Tunnel gelaufen waren. Der Führer hatte die Schienen erwähnt.

Als die Schienen dann der Levada folgend unter einer Felswand verschwanden, ohne dass ein Tunnel zu sehen war, waren wir erst ziemlich platt. Rechts davon war ein großer Haufen Schutt und Geröll. Noch ein Erdrutsch? Das konnte doch nicht sein, dass wir jetzt, so kurz vor dem Ziel aufgeben müssten! Ein Blick um den Haufen herum jedoch klärte uns auf: Levada und Schienen nahmen eine kleine Abkürzung, der Tunnel machte einen Bogen. Wir waren erleichtert.

Im Talschluss

Wir durchquerten den Tunnel und kamen im Talschluss heraus. Der bisher wildeste und romantischste Fleck Madeiras büßte auch durch die Levada-Verbauungen und die alten Loren-Schienen nichts von seinem Zauber ein. Wir standen in einem kleinen Felsenkessel, dessen etwa 10 Meter hohe Wände mit überhängender Vegetation das Sonnenlicht filterten und eine fast magische Stimmung verbreiteten. Hinten plätscherte ein kleiner Wasserfall und wir standen direkt vor einer kleinen Gumpe, in der klares Wasser schimmerte.

Die Levada machte einen kleinen Bogen vor dem Wasserfall und verschwand auf der gegenüberliegenden Seite mit einem scharfen Knick in einem dunklen Tunnel. Endlich!

Wir folgten der Levada bis zum Tunneleingang. Genau im Knick der Levada war eine dieser Verteilstellen, mit denen das Wasser der Levada rationiert und geleitet wurde. Ich konnte nicht widerstehen und zog das eiserne Tor ein wenig hoch. Unter mir schoss das Levadawasser mit einem scharfen Strahl waagerecht heraus und landete laut plätschernd in der Gumpe.

Das sah klasse aus, aber als ich das Tor wieder zumachen wollte, erschrak ich doch. Der Wasserdruck war beachtlich und es war ziemlich schwer, das Ding wieder zu schließen. Offen lassen konnte ich es natürlich nicht, denn das würde das sorgfältig ausgeklügelte Bewässerungs- und Wasserverteilsystem der Insel durcheinander bringen. Der Ralle guckte nur grinsend zu, als ich mit aller Kraft an dem Schieber werkelte.

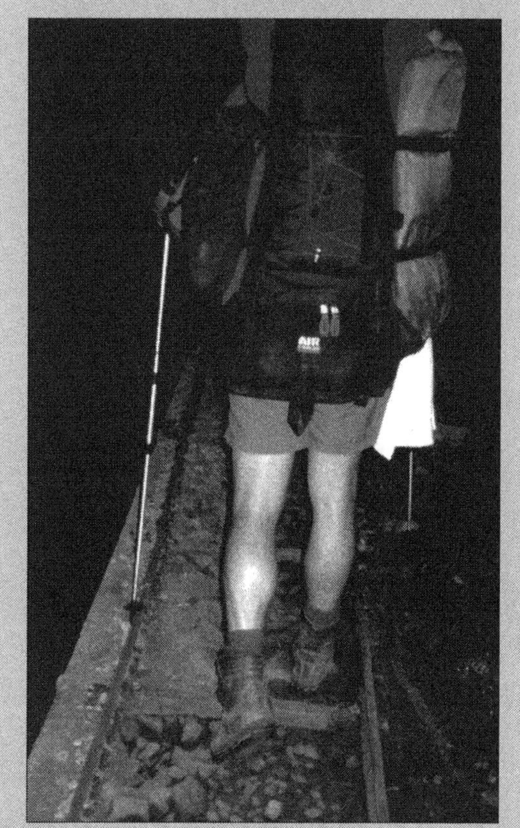
Im Tunnel

Als das Tor wieder zu war, warfen wir einen letzten Blick auf die Szenerie im Talschluss und wandten uns dem Tunnel zu. Ein schwarzes Loch, gerade hoch genug für uns und die großen Trekkingrucksäcke, erwartete uns. Die linke Hälfte des Tunnels nahm die Levada ein, etwa 50cm breit und mindestens genauso tief. Auf der rechten Seite liefen die Lorenschienen auf dem feuchten Boden entlang. 2 1/2 Kilometer oder etwa 45 Minuten Dunkelheit lagen vor uns.

Im Tunnel

Wir liefen los, Ralle vorne, ich hinten. Schon nach wenigen Metern erhellten nur noch unsere Stirnlampen den Tunnel. Die Wände waren feucht und hin und wieder tropfte es ein wenig von der Decke herab. Unser Weg zwischen den Lorenschienen war nass, mit Pfützen übersät und teilweise schlammig.

Der Tunnel war zwar am Eingang hoch genug für uns gewesen, aber weiter drinnen schwankte Höhe beträchtlich. Hohe Abschnitte, in denen wir gut gehen konnten, wechselten mit niedrigen, in denen die Rucksäcke an der Decke anstießen. Wir versuchten uns so weit wie möglich in der Tunnelmitte zu halten, aber das war schwierig, denn links von uns war ja die Levada und direkt auf der Schiene zu laufen war nicht ratsam. Wir wollten nicht wirklich stolpern und in die Levada fallen.

So blieb uns nichts übrig, als in den niedrigeren Abschnitten die Knie zu beugen und gebückt durch den Tunnel zu schleichen. Das war furchtbar anstrengend, aber immer noch besser als die unerwarteten Zusammenstösse des Rucksacks mit der Tunneldecke, die jedes Mal einen schmerzhaften Ruck im unteren Rücken verursachten. Es war nicht leicht, die 25 Kilo Rucksack in so seltsamer Haltung richtig auszubalancieren. Immerhin verhinderten die Rucksäcke, die deutlich über unsere Köpfe heraus standen (bei mir etwa 15cm) effektiv, dass wir uns die Köpfe an hervorstehenden Felsen stießen.

Ich sah die ganze Zeit vor allem Ralles Rucksack und seine strammen Wadeln vor mir. Selbst wenn ich ein wenig Abstand hielt, blockierte er den ganzen Tunnel. Nun ja, die Aussicht beim Licht der Stirnlampen wäre so oder so nicht allzu beeindruckend gewesen und diese Alternative war nicht die schlechteste ...

Abwechslung im Tunnel

Als der Marsch durch den Tunnel so langsam langweilig wurde, bekamen wir prompt Unterhaltung: wir näherten uns einem plätschernden Geräusch. Ich hatte schon Sorge, dass wir nass werden würden, doch dann stellte sich heraus, dass der Wasserfall auf der Levada-Seite des Tunnels war. Glück gehabt!

Kaum hatte ich diesen Gedanken fertig gedacht, jaulte der Ralle vor mir entsetzt auf: "Pfui Teufel!" Da ich grad mal einen Schritt hinter ihm war, merkte ich auch gleich, was los war: Auch auf unserer Seite des Tunnels war ein Wasserfall. Deutlich kleiner zwar, aber nicht weniger nass oder kalt. Wegen der schlechten Sicht konnten wir keine großen Schritte machen und deswegen kamen wir leider nicht allzu schnell aus der kleinen Dusche heraus.

Inzwischen war das Tunnel-Ende in Sicht gekommen, aber es wurde nur quälend langsam größer. Als man in dem hellen Fleck schon langsam so etwas wie Formen erkennen konnte, spielte uns der Tunnel noch mal einen bösen Streich. Er wurde niedriger und niedriger. Unsere Rucksäcke schrammten an der Tunneldecke entlang, obwohl wir schon tief gebückt und mit gebeugten Knien liefen.

Wir waren heilfroh, als wir endlich am Ausgang ankamen. Nicht mal der Bretterverhau, der den Tunnel von der anderen Seite versperrte und den wir erst mal mühsam wegbiegen mussten, um mit den Rucksäcken daran vorbei zu kommen, konnte uns aufhalten. Nix wie raus aus dem dunklen Loch!

Am Ende des langen Tunnels

Wieder draußen

Nachdem wir uns durch/über ein kompliziertes System von insgesamt 3 miteinander verbundenen Levadas gekämpft hatten, standen wir auf einer kleinen dreieckigen Plattform in einer steilen Felswand mitten in einem extrem steilen grünen Kessel.

Mein erster Eindruck nach dem Verlassen des Tunnels war: **"Boah! Ist das schön!"** Es kam mir albern vor, aber ich dachte dauernd: **"Das ist das grüne wilde Herz Madeiras"**.

Die Wände des Kessels – um genau zu sein, handelte es sich um ein tiefes langes Tal und der Eindruck Kessel war nur entstanden, weil das Tal an dieser Stelle ein wenig breiter war – waren über und über mit Grünzeug bewachsen und vermittelten den Eindruck, wir befänden uns mitten im Urwald oder irgendwo auf Hawaii, weitab von jeglicher Zivilisation.

Die Plattform, auf der wir standen, widersprach diesem Eindruck allerdings heftig. Vor uns liefen die Lorenschienen noch ein Stück weiter geradeaus, rechts verschwand eine Levada in einem Tunnel, links kam eine Levada aus einem Tunnel heraus und den Tunnel direkt hinter uns hatten wir ja nun zur Genüge kennen gelernt.

In der Wärme der Nachmittagsonne auf dem heimeligen kleinen Plateau legten wir erst mal die Rucksäcke ab ... und erschraken fast. Beide sahen aus, als hätten sie ein Schlammbad genommen. Offensichtlich hatte der allzu enge Kontakt der Rucksäcke mit den Wänden und der Decke des Tunnels Spuren hinterlassen.

Und nicht nur an der Rucksäcken! Wir selber sahen auch nicht viel besser aus. Wir wuschen uns und die Rucksäcke erst mal gründlich ab. Ich ließ mir vom Ralle sogar den Rücken waschen, denn der Dreck, der bei den Stößen des Rucksacks gegen die Tunneldecke runtergefallen war, war samt und sonders vor den Rucksack gefallen und direkt in meinem T-Shirt gelandet.

Noch weiter hinein

Nach einer kleinen Pause machten wir uns auf den Weg in die Caldeirão do Inferno hinein. Laut Karte konnte es nicht mehr weit sein. Nur noch ein paar Tunnelchen und dann würden wir im tiefsten und grünsten Kessel im am tiefsten eingeschnittenen Tal der Insel stehen. Heimlich dachte ich schon daran, auf dem Rückweg auf der wunderschönen Plattform zu übernachten.

Für den Weiterweg mussten wir zunächst über die komplizierte Levada-Vereinigung steigen und konnten dann bequem neben der Levada do Inferno taleinwärts laufen. Das nächste Hindernis ließ nicht lange auf sich warten: Ein Wasserfall landete genau vor dem nächsten Tunnel in der Levada. Aber was waren schon ein paar Tropfen Wasser? Zwei schnelle Schritte und wir waren im nächsten Tunnel.

Der machte gleich nach dem Eingang einen kleinen Kick und - Boing! - wieder stießen die großen Rucksäcke an der Decke an. Und damit begann die eigentliche Tortur des Tages. Die folgenden Tunnel waren allesamt schmaler und niedriger als der Tunnel unter dem Pico Ruivo. Wenn der Boden nicht gar so schlammig gewesen wäre, hätten wir uns leichter getan, wenn wir gekrabbelt wären.

Der tiefe Kessel vor der Caldeirão do Inferno

Nach einem besonders niedrigen Tunnel standen wir in einem weiteren Kessel. Diesmal war es tatsächlich ein Kessel, in den von vorne und von links Wasserfälle stürzten. Ein großer Teil des Wassers wurde gleich von der Levada aufgefangen, aber ein kleiner Teil durfte nach rechts weiter in die Tiefe fallen.

Wir standen in einer Art Gumpe, die trotz des Durchmessers von gut 20 Metern erstaunlich dunkel war. Die Wände des Kessels gingen sicherlich um die 20 Meter geradeaus nach oben und von oben hing die dichte Vegetation über die Wände. Danach ging es ebenfalls steil - und natürlich unglaublich grün bewachsen - nach oben. Kein Wunder, dass kaum Licht hier unten ankam.

Erst dachten wir, hier sei unser Weg in das tiefste Innere Madeiras zu Ende, aber dann entdeckte ich am gegenüberliegenden Ende eine Beton-Mauer, an der seitlich ein Spalt zu sein schien.

Bis zum Ende

Bei näherem Begucken des Spaltes stellte sich heraus, dass man durch diesen hindurch schlüpfen konnte. Die Levada - viel kleiner und schmaler allerdings - schien da noch ein Stück weiter zu gehen. Nun, wenn wir schon da waren, dann wollten wir das Ding auch bis zum allerletzten Ende verfolgen. Für unsere Riesenrucksäcke allerdings war die Reise ins Herz Madeiras hier zu Ende. Die passten einfach nicht durch den schmalen Spalt durch.

Wir nahmen Wertsachen und Foto mit und ließen sie an einer trockenen Stelle zurück. Die Wahrscheinlichkeit, dass sich um diese Tageszeit (später Nachmittag) noch jemand außer uns so fern der Zivilisation aufhielte, war verschwindend gering - und wenn, dann war nicht anzunehmen, dass man uns beklauen würde.

Es stellte sich heraus, dass wir nicht mehr weit zu gehen hatten, um das Ende - oder vielmehr den Start - der Levada do Inferno zu finden. 2 Tunnels und ein paar Windungen später erschreckten wir in einem weiteren Kessel drei Ziegen, die sich behände vorsichtig von uns entfernten. Hinten fiel ein hoher, schmaler Wasserfall über den Rand des Kessels. Die Levada schien er aber nicht zu füllen, denn die war trocken. Dies war also die Caldeirão do Inferno.

Dieser Kessel war bei weitem nicht so beeindruckend und steil, wie das dunkle Loch, in dem wir kurz vorher gestanden hatten, aber er war deutlich tiefer. Die Wände gingen bestimmt 100 Meter steil nach oben, bevor der erste Absatz sichtbar war. Wir drehten um und gingen zu den Rucksäcken zurück.

Und zurück

Schon beim Rückweg zu den Rucksäcken hatte es mir vor den grässlichen engen Tunnels gegraust und sie waren mindestens so schlimm, wie ich mir ausgemalt hatte. Als wir wieder an der hübschen Plattform vor dem Pico Ruivo Tunnel ankamen, tat mir der Rücken gehörig weh. Was die Tunnels mit Ralles lädiertem Kreuz angestellt hatten, stellte ich mir lieber gar nicht erst vor.

Die Mühe mit dem Waschen hätten wir uns vorhin schenken können. Wir sahen schlimmer aus als zuvor und so absolvierten wir die Prozedur ein zweites Mal. Mein Vorschlag, auf der netten Plattform in der traumhaften Umgebung zu übernachten blieb leider unerhört. Es sei zu früh, jetzt schon Lager zu machen. Nun ja, es war erst 5 Uhr und so konnte ich mich der Argumentation nicht entziehen.

Von der Plattform ging es erst mal ein paar 'Stockwerke' tiefer zur nächsten Levada, der Levada do Caldeirão Verde. Diese Levada – im

Vergleich eher ein Levadalein, so schmal war sie - verlief mitten in der steilen Felswand des tiefen Tals, in dem wir gelandet waren. Links ging es mindestens 150 Meter geradeaus nach unten und rechts war eine senkrechte Wand.

Der Levadaweg war teilweise sehr schmal, aber so gut wie immer mit einem Zaun gesichert. Zaun im Sinne von Drahtseilen an dünnen Metallstangen. Als psychologische Stütze sicherlich sinnvoll, aber ob das Ding mein Gewicht mit Trekkingrucksack gehalten hätte, bezweifelte ich stark.

Nach den vielen Eindrücken des Tages konnten wir der großartigen Landschaft gar nicht mehr die Aufmerksamkeit schenken, die sie verdient hätte. Das tiefe Tal unter uns mit den grün bewachsenen supersteilen Wänden sah in der Spätnachmittagsonne klasse aus.

Endlich Camp

Nach etwa einer halben Stunde Levada-Wandern in der steilen Wand landeten wir in der Caldeirão Verde, einem weiteren tiefen Kessel. Inzwischen war die Zeit reif für die Suche nach einem Platz zum Übernachten, aber der Kessel bot keinen vernünftigen Platz für uns. Die bisherigen Levadas (die alle immer wieder schöne Schlafplätze geboten hätten) vor dem inneren Auge machten wir uns auf den weiteren Weg aus dem Tal hinaus.

Leider verlief die Levada nach wie vor mitten durch die Steilwand und es bot sich ewig lange absolut keine Möglichkeit, irgendwo zu übernachten. Inzwischen war ich total platt und als die Levada endlich die Steilwand verließ und nach rechts in einen Wald einbog, streikte ich. Ich wollte sofort und auf der Stelle anhalten und Camp beziehen.

Der Ralle redete mir gut zu und er hatte recht. Diese erste flache Stelle war einfach zu nass. Wir gingen noch ein paar hundert Meter weiter und fanden schließlich an einer Wegkreuzung eine flache Mulde im Wald, die der Feuerstelle nach zu urteilen schon andere als Rastplatz verwendet hatten. War das schön, alles abzulegen und erst mal zusammen zu brechen!

Nach einer nahezu seifenfreien Komplett-wäsche in der Levada kochte ich unser A-bendessen mit Leva-dawasser. Nachdem der Ralle dann die ers-te Weinflasche geöffnet hatte, wurde es sogar richtig gemütlich in unserer Mulde. Aller-dings mussten wir uns recht bald in die Schlafsäcke verkrü-meln, denn sobald die Sonne verschwunden war, wurde es recht kühl. Und dunkel.

Natürlich dauerte es nicht lang, bis wir ein-geschlafen waren.

Beim Kochen des Abendessens

Im madeirensischen Hochgebirge
27.05.2001

Eine Abkürzung

Als wir in der Früh erwachten, war es neblig, dunstig und ziemlich kühl. Die Nähe der Levada und die Feuchtigkeit der Umgebung machten sich deutlich bemerkbar. Nach einem kurzen Frühstück - mit viel zu wenig heißem Kaffee - machten wir uns auf den Weiterweg.

Aufstieg zum Pico Ruivo

Schon nach wenigen Schritten mussten wir wieder anhalten. Auf einem neuen Holzwegweiser stand klar und deutlich *Pico Ruivo*. Laut Karte und nach unserer Planung hätten wir noch etwa 2 Stunden lang der Levada Caldeirão Verde folgen müssen, um dann einer Strasse und einem Wanderweg folgend zum Pico Ruivo aufzusteigen. Hier bot sich eine Abkürzung. Keine Frage, die nahmen wir, auch wenn weder Karte noch Führer davon wussten.

Was wir vorfanden, war ein uralter, reichlich moosiger Hohlweg, der steil den Berg hinauf führte. So direkt nach dem Aufstehen war der Anstieg ziemlich anstrengend, aber nachdem wir auf einem Plateau mit wundervoller Aussicht endlich in die Sonne gelangten und 'unseren' Berg vor uns sehen konnten, ging der Aufstieg schon leichter.

Zu früh

In Rekordzeit (zumindest kam es mir so vor) erreichten wir den breiten Spazierweg von der Achada do Teixeira, einem großen Parkplatz, der den Aufstieg auf den höchsten Berg Madeiras zu einem Kinderspiel machte und folgten ihm zur Pico Ruivo Hütte. Das ist die einzige Berghütte auf Madeira und dort zu übernachten, ist kostenlos.

Allerdings muss man sich dazu vorher im Fremdenverkehrsamt in Funchal anmelden. Da wir nicht genau gewusst hatten, wann wir in die Hütte kommen würden, hatten wir auf die Anmeldung verzichtet und gehofft, trotzdem einen Platz dort zu bekommen. Wir rechneten nicht damit, dass die Hütte um diese Jahreszeit schon ausgebucht sein würde.

Auf der großen Terrasse der Hütte tummelten sich haufenweise Sonntagsausflügler in Sandalen, die ihre Brotzeit in Plastiktüten dabei hatten. Wir fielen mit unseren schweren Bergstiefeln und den riesigen Rucksäcken ziemlich auf. Wir gönnten uns erst mal ein kühles Fanta und setzten uns mit Karte und Führer bewaffnet auf die Mauer der Terrasse. Durch die Abkürzung waren wir viel früher als geplant hier. Es war grade mal Mittag und an Aufhören war noch gar nicht zu denken.

Madeiras zentrale Berge

Wir entschieden uns dafür, hinüber zum Pico do Areiro zu gehen. Der Führer beschrieb den Weg als landschaftlich großartig und der Blick hinüber bestätigte das. Der Weg hin und zurück zusätzlich zu dem Aufstieg, der schon hinter uns lag, würde zwar lang werden, aber wir würden das schaffen. Dachten wir!

Nach einer kurzen Brotzeit gingen wir los. Die Rucksäcke nahmen wir mit, weil wir nicht ganz sicher waren, ob wir nicht doch auf der anderen Seite übernachten würden.

Der Führer hatte recht. Der Weg und die Landschaft waren großartig. Die zerklüfteten zerrissenen Berge im Inneren Madeiras überraschten nach nahezu jeder Biegung des Weges mit neuen fantastischen Ausblicken. Bewundernswert war auch, wie die Madeirenser den Weg in den Berg gebaut hatten. Von wegen Bergpfad! Es gab Tunnels, Galerien und haufenweise Stufen. So viele, dass der Anblick einer weiteren Treppe mir bald jedes Mal ein genervtes Stöhnen entlockte. Treppensteigen ist anstrengend.

Der Weg zum Pico Areiro

Nach endlosen Treppen erreichten wir schließlich die Aussichtsplattform vor dem Pico do Areiro, die vom zugehörigen Parkplatz schnell erreicht werden kann. Weiter wollten wir nicht mehr gehen. Ich war inzwischen eigentlich so weit, dass es mir für den heutigen Tag gereicht hätte, aber wir mussten ja wieder zurück. Allein bei der Vorstellung, die vielen steilen Treppen, die wir zu der Plattform hinauf gestiegen waren, wieder hinab zu steigen, kam mir der Gedanke an Streik in den Sinn.

Das kam natürlich nicht in Frage und so machten wir uns nach einer ausgiebigen Pause auf den Rückweg. Da es zwischen Pico Ruivo und Pico do Areiro 2 Wege gab, ließ ich mich überreden, für den Rückweg den anderen Weg zu nehmen. Ein furchtbarer Fehler, denn dieser Weg ging noch mal richtig steil und weit hoch und dann genauso steil und weit wieder runter. Die letzten Meter zur Hütte meinte dann sogar der Ralle, dass es für heute genug wäre. Oh ja!!!

Camp

Nachdem wir dem Hüttenwirt 2 Bier abgekauft hatten und diese gemütlich auf der Sonnenseite der Terrasse genossen hatten, fragten wir nach dem Nachtquartier. Außer uns und dem Hüttenwirt war nur noch eine Großfamilie hier oben, die sich gerade mit großem Getöse anschickte, zurückzugehen. Eine Schlafgelegenheit sollte kein Problem sein.

Denkste! Sogar hier oben reckte die Bürokratie ihr hässliches Haupt: Ohne Anmeldung keine Schlafgelegenheit, gab uns der Hüttenwirt (ziemlich umständlich, da wir kein Spanisch und er nichts anderes sprach) zu verstehen. Ja, aber es sei doch alles leer. Schon, aber ohne Anmeldung ...

Er hatte aber nichts dagegen, dass wir auf seiner Terrasse lagerten. Das war für uns sehr bequem, denn es gab Toiletten, eine Waschgelegenheit, sauberes fließendes Wasser und vor allem einen geraden Untergrund und eine bequeme Sitzgelegenheit (die Terrassen-Mauer). Wir waren zufrieden und machten uns daran, unser Camp aufzuschlagen.

Dem Hüttenwirt war wohl langweilig und vielleicht war ihm die sinnlose bürokratische Abweisung auch ein wenig peinlich, jedenfalls kam er öfter raus und startete diverse Kommunikationsversuche mit uns.

Es war schwierig, doch wir erfuhren, dass wir unheimlich Glück mit dem Wetter in den Bergen hatten, denn es würde normalerweise hier oben oft Nebel herrschen und/oder regnen, doch das Wetter sei derzeit stabil. Und er erzählte uns, dass er sich die Hütte mit einem Kollegen teile. Jeder sei 2 Wochen durchgehend hier oben, dann würde gewechselt. Ich war froh um meine rudimentären Französischkenntnisse, denn ohne die wäre der arme gelangweilte Hüttenwirt ganz schön aufgelaufen.

Neue Gäste

Als ich gerade dabei war, auf der Terrassen-Mauer unser Abendessen zu kochen, kamen doch noch 2 Gäste. Ein großer schlanker Mann und eine kleine zierliche Frau. Die beiden hatten sich wohl angemeldet, denn sie bekamen ein Zimmer zugewiesen.

Es dauerte nicht lang, da waren sie wieder draußen auf der noch sonnenbeschienenen Terrasse. Als wir ins Gespräch kamen und wir erklärten, warum wir hier draußen campten, meinten sie, so schlecht sei diese Variante gar nicht, denn da drin sei es furchtbar kalt und klamm. Wir unterhielten uns eine Weile, wer woher kam, was jeder bisher gesehen hatte, wo man sonst so wandern würde ...

Ein Detail der Erzählungen der beiden netten Franzosen aus Paris ließ mich besonders genau hinhören und ich ließ mir das richtig genau beschreiben: Da gab es einen schönen, weder in der Karte noch im Führer beschriebenen Weg, der nach Porto Moniz führte. Aber Hallo! Genau in der Gegend hatte meine Planung ein Loch.

Eintopf kochen vor der Pico Ruivo Hütte

So richtig nett wurde der Abend, als sich herausstellte, dass der Mann genau heute Geburtstag hatte. Wir rückten mit unserer zweiten Flasche Wein raus (durch die Abkürzung und den Stress-Trip heute hatte sich unsere Planung in den Bergen um einen Tag verkürzt) und luden auch den Wirt mit ein. Der stand schüchtern halb abseits dabei und hätte wohl gerne Gesellschaft gehabt. Aber gerne doch.

Als es dunkel wurde und sich die kleine Party auflöste, versprachen wir noch, laut ans Fenster zu hämmern, wenn die Sonne aufginge. Natürlich mussten wir einen Sonnenaufgang auf dem höchsten Berg der Insel mitnehmen!

Entlang der Wasserscheide
28.05.2001

Sonnenaufgang

Ich hatte die Zeit, zu der die Sonne aufgehen würde, ein wenig zu früh abgeschätzt und so war es noch relativ dunkel, als der Wecker losging. Es war auch noch ziemlich kühl und deswegen machte ich mich erst mal daran, Wasser für Kaffee heiß zu machen. Brrrr! Der war nach der Morgenwäsche mit dem eiskalten Wasser bitter nötig.

Sonnenaufgang am Pico Ruivo

Die Franzosen zu wecken war überflüssig. Sie tappten verschlafen auf die Terrasse, als es mit dem Sonnenaufgang so langsam ernst wurde. Zu viert gingen wir ein Stück hinauf zum Gipfel um den Aufgang des Feuerballs gebührend zu genießen.

Nach ein paar Minuten war alles vorbei und wir gingen zurück auf die Terrasse, um zu frühstücken. Mit dem heißen Kaffee in der aufgehenden und langsam schön wärmenden Sonne auf der Terrassenmauer zu sitzen war wunderschön.

Auf den Pico Ruivo

Während wir noch unser Frühstück in der Sonne genossen, waren die Franzosen mit ihrer Morgenmahlzeit in der klammen Hütte fertig und gingen los. Sie würden heute denselben Weg zurücklegen wie wir, doch wir erwarteten nicht, sie noch mal wieder zu sehen. Mit unserem schweren Gepäck waren wir viel langsamer als die beiden, die wirklich nur Minimal-Ausrüstung dabei hatten.

Nachdem wir alles zusammen gepackt hatten, schulterten wir unsere Riesenrucksäcke (der Hüttenwirt hob Ralles Rucksack einmal testend an und machte anerkennende Geräusche) und machten uns auf den Weg. Zunächst sollte es hoch zum Pico Ruivo gehen.

Nach 20 Minuten erreichten wir den Gipfel, wo wir die beiden Franzosen ein letztes Mal sahen. Die Aussicht von da oben war grandios. Im Morgenlicht sah die ganze Insel so aus, als würde sie noch schlafen. Wir konnten sämtliche Wege, die wir bisher gelaufen waren nachvollziehen (faszinierend, was man zu Fuß an Strecke zurück legen kann) und nahmen uns viel Zeit (und viele Fotos) dazu.

Pico Ruivo Hütte vor dem tiefen Tal der Caldeirãos Inferno und Verde

Gen Westen

Schließlich rissen wir uns von der höchsten Stelle der Insel los und machten uns auf den Weg entlang der Wasserscheide nach Westen. Wir marschierten auf einem gut erkennbaren Weg einem Gratverlauf folgend (mal rechts, mal links davon) durch Heidewald, über Felsen, entlang breiter Rücken, durch Macchia und Blumenwiesen immer auf den Pico Casado zu.

Der Weg und die Landschaft waren abwechslungsreich und natürlich machten wir viele Fotos, vor allem mit der großen Spiegelreflex-Kamera.

Den kleinen Klick-Foto, den ich am Gürtel trug, verwendeten wir hauptsächlich für Schnappschüsse.

Der Ralle hatte sich schon am Vortag immer wieder mal über die ungewöhnlichen Verschlusszeiten gewundert, die die große Kamera zuweilen an den Tag legte. Aus Erfahrung wussten wir aber, dass Foto und Auge ganz besonders extreme Lichtverhältnisse sehr unterschiedlich wahrnehmen. Die Kamera würde schon wissen, was sie tat. Dachten wir!

Oh Nein!!!

Als wir an der Boca das Torinhas den Fuß des Pico Casado endlich erreicht hatten und auf einem netten kleinen Steig (mit unendlich vielen Stufen) dem Gipfel entgegen stiegen, entdeckten wir in einer Nische ein Prachtexemplar von Madeiras National-Pflanze. Ein riesiger Busch *Stolz Madeiras* (ein Busch mit Unmengen blauer Blütendolden) streckte Unmengen prachtvoller blauer Blütendolden in den Himmel.

Die großen Kamera reagierte darauf mit einer Verschlusszeit, die den Ralle Luft anhalten ließ, um das Bild nicht zu verwackeln. Das konnte einfach nicht sein, schließlich hatten wir ISO 200 Filme gekauft und es war helllichter Tag, ein sonniger noch dazu.

Ich beguckte mir den Foto genauer und stellte entsetzt fest, weshalb die Kamera so ungewöhnliche Verschlusszeiten geliefert hatte: Der Film, der derzeit in der Kamera war, wurde als ISO 50 erkannt. Ein Kontrollblick auf das Filmfenster bestätigte jedoch, dass wir einen ISO 200 Film in der Kamera hatten. Aber wieso? Unsere Kamera sollte den Filmtyp eigentlich automatisch erkennen.

Die Entdeckung stürzte uns zunächst in tiefe Verzweiflung. Sollten alle Bilder, die wir bisher gemacht hatten, jetzt ruiniert sein? Wie ruiniert waren die Bilder wirklich? War überhaupt noch was zu retten? Und wie viele Filme betraf das Problem? Dass der erste Film noch richtig erkannt worden war, wussten wir. Da hatten wir mal zufällig nachgeschaut.

Die letzten Bilder des aktuellen Filmes verschossen wir schnell in der Umgebung. Als wir den nächsten Film einlegten, war die Kamera-Welt wieder in Ordnung: er wurde als ISO 200 erkannt. Den definitiv überbelichteten Film verstauten wir gesondert. Vielleicht könnte man da bei der Entwicklung noch etwas retten, dachten wir.

Etwas geknickt bestiegen wir den Pass zwischen Pico do Jorge und Pico Casado. Nicht vorzustellen, wenn alle Bilder der ereignisreichen letzten Tage kaputt wären! Auf dem Hochweg (wieder mit unendlichen vielen Stufen) dauert es jedoch nicht lange, bis die Insel, der Urlaub und unser natürlicher Optimismus (nun ja, meiner) die Stimmung wieder anhob. Wahrscheinlich würde man bei der Entwicklung doch noch was retten können und im allerschlimmsten Fall hätten wir ja noch die Bilder im Kopf - die kann uns niemand mehr nehmen.

Abstieg

Mit dem Pass hatten wir den höchsten Punkt (nach dem Pico Ruivo natürlich) für heute erreicht und mussten eigentlich nur noch zur Boca Encumeada absteigen, wo wir den Bus ans Meer nehmen wollten. Blieb nur noch die Frage, in welche Richtung, Nord oder Süd?

Wir machten erst mal Brotzeit und konsultierten dabei die Karte. Der Süden gewann. Einerseits weil dort laut Führer grundsätzlich das Wetter besser ist (was die Wolken im Norden deutlich unterstrichen) und andererseits weil wir von dort aus leichter weitergehen könnten. Vor allem schien eine Besteigung des Pico Grande – dem laut Führer alpinsten Berg der Insel – vor dort aus machbar.

Die Annahme, ab hier nur noch absteigen zu müssen, erwies sich als irrig. Erstens zog sich Weg endlos lang hin und außerdem mussten wir alle naselang wieder hoch und dann weiter runter. Auf – wie könnte es anders sein? – endlosen Treppenstufen. Ich bewunderte die Arbeit und die Ausdauer der Wegebauer sehr, aber ich konnte so langsam keine Stufen mehr sehen! Mir tat bei jeder Stufe inzwischen der Hintern weh. "Wenn wir wieder daheim sind, können wir mit dem Fidle[1] Nüsse knacken.", meinte der Ralle tröstend. Aber wer will denn so was?

Bier und Bus

Seit der Weg den Gratverlauf verlassen hatte, war auch das letzte frische Lüftchen zum Erliegen gekommen und da wir inzwischen am frühen Nachmittag mitten in der prallen Sonne liefen, war es bald fürchterlich heiß. Die vielen Stufen und vor allem der Abstieg mit dem vielen Gewicht machten sich ebenfalls bemerkbar und so waren wir recht froh, als wir endlich die Boca Encumeada erreichten.

---

[1] Anm.: Allgäuisch für Hintern, Po

Bis der Bus nach Ribeira Brava abfuhr, hatten wir noch ein wenig Zeit. Wir suchten die Kneipe, die unser Führer erwähnt hatte und stürzten wir uns durstig auf ein kühles frisches Bier. Das tat gut!

Die Busfahrt auf der engen kurvigen Strasse ans Meer hinunter war ein kleines Abenteuer für sich. Manchmal wunderten wir uns, dass der alte Bus es tatsächlich doch noch schaffte, zu bremsen. Glücklicherweise war er aber wenigstens ein bisschen moderner als unser erster Bus nach Caniçal.

Endlich am Meer

In Ribeira Brava stiegen wir am Hafen aus. Genau da, wo wir ausgestiegen waren, war zufällig der Eingang zu einem Hotel. Die Preise waren relativ günstig und so mieteten wir uns gleich für 2 Tage ein.

Unser Zimmer war riesig groß, dafür waren die Installationen im Bad ein wenig hinfällig. Beim Duschen musste man höllisch aufpassen, dass einem

Die 'Bayernkirche' von Ribeira Brava

nicht der Warmwasserknopf auf die Zehen fiel, wenn man sich unvorsichtig bewegte.

Nach einer gründlichen Dusche starteten wir eine riesige Wäsche-Wasch-Aktion, bei der wir jedes bisher benutzte Kleidungsstück wuschen. Dann spannten wir unsere Leine zweimal quer durch das Riesenzimmer, damit das alles trocknen konnte und machten uns auf, den Ort zu besichtigen.

Er war klein, im Zentrum alt und nett, am Meer neu und ein wenig touristisch aufgemacht und er hatte eine 'Bayern-Kirche' – also eine Kirche mit einem Dach aus weiss-blauen Rauten-Kacheln. Kein Wunder, dass wir uns hier wohl fühlten. Damit hatte natürlich auch der Kaffee und das Bier am Meer, der Strandspaziergang (wo wir mit der Kamera 'Jagd' auf Möwen machten) und das feine Abendessen mit dem guten Wein zu tun.

Nach dem Abendessen und einem (sehr kurzen) Spaziergang machten wir es uns mit einer neuen Flasche Wein und Karte und Führer auf dem Bett gemütlich, um den nächsten Tag zu planen. Ah ja, genau! Hier war diese allerextremste Levada Madeiras, die Levada do Norte. Die wollten wir morgen besuchen.

Chaos im Hotelzimmer

Levada extrem
29.05.2001

Taxifahren

Nach einem guten Frühstück gingen wir zum Taxistand am Meer und ließen uns zum Startpunkt der Wanderung über die Levada do Norte, eine Kneipe in Boa Morte, fahren. Wir wollten uns den Marsch entlang der viel befahrenen Küstenstrasse dort hinauf sparen.

Zunächst führte die Levada gemächlich und völlig unspektakulär durch einen Kiefernwald. Es war noch früher Morgen, immer noch relativ frisch und es roch wunderbar nach Kiefern. Wir wunderten uns über seltsame unregelmäßige Knack- oder Pick-Geräusche aus den Baumkronen und suchten nach Spechten. Es dauerte eine Weile, bis wir kapierten, woher diese Geräusche kamen. Die Sonne wärmte die Kiefernzapfen, worauf die aufsprangen und reife Samen frei gaben.

Als die Levada den Wald verließ, wurde es landschaftlich ansprechender. Wir folgten der Levada nun in halber Höhe das Tal hinauf, durch das wir gestern mit dem Bus von der Boca Encumeada hinunter gekommen waren. Es war sehr friedlich und sehr ländlich.

Madeirensisches Landleben

2 alte Leute bestellten ihre Felder entlang der Levada, wir bewunderten und fotografierten die vielen Blumen (darunter auch eine wunderschöne, große, weiße Calla), die die Levada säumten und spazierten fast ungläubig an Eira do Murão vorbei, einem Dorf, das ein kleines Stück unterhalb der Levada in halber Höhe des Tales ohne Straßen-Anschluss lag. 2 lange Treppen führten zum Dorf, eine von unten, eine von oben. Was musste es anstrengend sein, dort zu wohnen!

Nach Eira do Murão wurde die Levada immer hübscher, verwachsener und romantischer. Den allerschönsten Fleck, einen kleinen, grün bewachsenen Kessel mit 2 kleinen Wasserfällen, die fröhlich in eine Gumpe plätscherten, erreichten wir, als wir in einem Knick der Levada, einem kleinen Bach folgend, ein paar Felsen hoch kletterten. Den (nigelnagelneuen?) Autoreifen, den wir dort fanden, versteckten wir hinter einem Felsen. Wir mochten uns diesen hübschen Ort nicht von Müll verderben lassen.

Der Weiler Eira do Murão

Zum Brotzeit machen war es noch zu früh, doch wir fassten beide unabhängig voneinander den Beschluss hier nachher Mittag machen zu wollen.

Kurz danach kam der erste Tunnel auf dieser Levada. Er war nicht allzu lang (etwa 300 Meter), hatte aber einen Knick, so dass man das Ende erst nicht sehen konnte. Als wir aus dem Tunnel traten, war die Umgebung abrupt nicht mehr lieblich und romantisch, sondern wild und schroff.

Die Wand

Rechts von uns befand sich die Levada, einen halben Meter breit und einen halben Meter tief, mit klarem, relativ schnell fließendem Wasser. Gleich dahinter stieg eine Felswand mehr oder weniger senkrecht in die Höhe. Auf unserer Seite war die Levada von einer etwa 30 cm breiten Betoneinfassung gesäumt.

Wir liefen neben der Betoneinfassung auf einem Trampelpfad, der zunächst etwa einen halben Meter breit war. Links wuchsen ein paar Gräser und Blumen, manchmal auch Büsche, und dann fiel die Wand sehr steil etwa 200 Meter in den Talgrund ab.

Als wir um das nächste Eck gingen, stockte uns der Atem. Die Felswand rechts der Levada reckte sich senkrecht mindestens 100 Meter in die Höhe und fiel links neben der Begrenzung nicht mehr nur steil, sondern ebenfalls so gut wie senkrecht bis zum Talgrund ab. Der Trampelpfad neben der Levada wurde immer enger und verschwand schließlich ganz.

Etwa 300 Meter vor uns führte die Levada nach einem kleinen Wasserfall in einen kurzen Tunnel hinein. Danach ging es noch mal etwa 100 Meter weiter mitten durch die Felswand zu einem weiteren Tunnel, vor dem ein weißes Gatter zu sehen war. Tief unten im Tal lag ein kleines Dorf und dahinter sahen wir Madeiras zentrale Berge. Der Anblick war großartig.

Hinein ins Abenteuer

Wir berieten kurz, ob wir weiter gehen oder umkehren sollten. Der Führer empfahl, hier umzukehren. Ich wäre aber gerne weiter gegangen. So was Aufregendes gabs ja nicht alle Tage! Und es war nicht mal verboten! Der Ralle stimmte zu.

Mit meiner ererbten Schwindelfreiheit stapfte

Mitten in der Wand

ich in fast normalem Tempo voran. Sehr konzentriert natürlich, aber der Blick 200 Meter fast senkrecht nach unten machte mir nichts aus. Die 30 cm breite Levada-Begrenzungsmauer reichte gerade aus, um beide Füße nebeneinander setzen zu können.

"He!", rief es da von hinten. "Renn mal nicht so!"

Ich drehte mich um. Der Ralle lief langsam und hoch konzentriert auf mich zu. "So schnell kann ich das nicht.", erklärte er mir. "Ich muss langsam gehen, damit mir nicht schwindlig wird."

Blick aus dem Tunnel zurück

Vor dem ersten Tunnelchen mussten wir unter dem Wasserfall hindurch. Eigentlich wäre dieser Wasserfall direkt auf dem Weg gelandet, doch die Levada-Arbeiter hatten ein kleines Holzdach über dem Weg errichtet.

Altersbedingt war das jedoch schon ziemlich löcherig. Daher war der Weg an dieser Stelle ziemlich rutschig (weil moosbewachsen) und so wurden wir ein wenig nass, weil wir hier natürlich nicht schnell gehen konnten. Die Reste des Holzgeländers an dieser Stelle halfen nicht viel.

Der Tunnel war nicht sehr lang, dafür wies er eine recht enge Biegung mit einer ziemlich niedrigen Decke auf. Ohne Riesenrucksäcke war das jedoch kein Problem und wir traten wieder ins Freie. Und da erwartete uns dann das extremste Stück der Levada.

Bisher hatten die Erbauer der Levada soweit wie möglich natürliche Felsabsätze ausgenutzt und ausgebaut. In dieser Wand war das nicht möglich gewesen. Vor uns lagen 100 Meter Balanceakt auf einer mit frischem Beton vorbildlich reparierten 30cm breiten Mauer in 200 Meer Höhe in einer senkrechten Felswand.

Am Ende

Darüber zu gehen war nicht schwieriger als vorher, doch im ersten Augenblick war es auch mir ein wenig mulmig. Wohlbehalten gelangten wir an das weiße Gatter, das uns schon von weitem aufgefallen war. Abgesperrt!

Das war nun Pech. Wir hatten inzwischen schon so halb vorgehabt, der Levada bis ans Ende zu folgen und dann mit dem Bus nach Ribeira Brava zurück zu fahren. Wir kehrten um.

Der Rückweg über die Steilstellen war einfacher als der Hinweg. Man bekam Routine. Gleichzeitig rückten wir mit unseren Plänen für die mittägliche Brotzeitstelle heraus und freuten uns, beide den gleichen Gedanken gehabt zu haben.

In dem hübschen Kessel machten wir es uns auf einem breiten sonnigen Felsen gemütlich. Ich zog die Schuhe und die Socken

'Baden' in der Gumpe

aus und watete in der Gumpe umher, um meinen heißen Füssen eine Erholung zu gönnen. Der Ralle fand das ein tolle Idee – und baute sie gleich aus. Er zog sich komplett aus und duschte unter einem der Wasserfälle. Das brachte ich dann doch nicht über mich, obwohl ich mich mutig nahezu ausgezogen dem Wasserfall näherte. Aber es war mir dann doch zu kalt.

Der Rückweg

Nach einer ausgiebigen Rast machten wir uns auf den Weg zurück. Schon bei der Taxifahrt hatte ich mir überlegt, dass es wenig Spaß machen würde, die Strasse zurück zu gehen und ich hatte darauf geachtet, wo bei Eira do Murão die Treppe ins Tal abging.

Der Ralle fand die Idee, einen anderen Rückweg einzuschlagen ebenfalls gut und so zweigten wir von der Levada ab und stiegen ins Dorf ab. Wie wir vermutet hatten, war der Verlauf der Treppe ins Tal zunächst nicht schwer zu finden. Je weiter wir uns jedoch dem Talboden näherten, umso schwieriger wurde es, aus dem verzweigten Wegenetz den richtigen heraus zu finden.

Direkt nach dem Dorf hatten wir das Gefühl, durch treppenartig angelegte Schrebergärten zu gehen. Das waren die Felder der Leute von Eira do Murão und die wurden tatsächlich noch bestellt. Wir sahen vor allem ältere Leute auf den Feldern arbeiten. Wohin wir auch blickten, überall waren kleine Kanäle, die das Levadawasser auf die Felder leiteten. Nicht alle waren in Betrieb, nur der Kanal neben dem Weg führte beständig Wasser.

Als wir fast im Talgrund waren, gelangten wir in ein weiteres kleines sehr verzweigtes Dorf und es passierte, was bei dem komplizierten Wegenetz passieren musste: Wir verliefen uns und standen plötzlich direkt vor dem Fluss. Der führte aber nicht viel Wasser und so überquerten wir ihn einfach auf ein paar großen Steinen und standen, nachdem wir eine Bananen-Plantage durchquert hatten, auf der Strasse, auf der wir am Vortag mit dem Bus von der Boca Encumeada gekommen waren.

Es dauerte nicht lang, bis wir der Strasse folgend wieder in Ribeira Brava waren. Dafür zog sich der Weg vom Ortseingang bis ans Meer furchtbar lang hin, was durchaus daran liegen konnte, dass wir inzwischen schon wieder ziemlich lang unterwegs waren und schrecklich gerne ein Bier am Meer trinken wollten.

Bei diesem Bier diskutierten wir die nächsten Tage und beschlossen, noch 2 Tage länger hier zu bleiben, wenn es möglich sein sollte. Das gäbe uns die Gelegenheit mit leichtem Gepäck den Pico Grande zu besteigen. Das Ansinnen bereitete dem Jungen an der Rezeption wegen der Zimmerverteilung ein paar Probleme, aber er bekam das mit unserer Hilfe dann doch gelöst.

Verlassene Hütte beim Abstieg von Eira do Murão

Auf den Pico Grande
30.05.2001

Autofahren auf Madeira

Gestiefelt und gespornt (das soll heißen, der Ralle mit Rucksack, ich ohne) gingen wir so früh wie möglich zum Taxistand. Diesmal war es gar keine Frage, dass wir ein Taxi nehmen würden. Die Wanderung auf den Pico Grande war recht lang und mit dem Bus hätten wir zu lange gebraucht, um zum Ausgangspunkt zu kommen.

Die Taxifahrt bescherte uns unverhoffte Eindrücke in das madeirensische Straßensystem. Nach ein paar Kilometern auf der breiten Küstenstrasse stürzte sich das Taxi in das verzweigte und verwirrende Netz zwischen den vielen Dörfern auf der Südseite der Insel.

Es war wirklich abenteuerlich. Die Steilheit der Küste hatte die Straßenbauer nicht davon abgehalten, stets die kürzeste Verbindung zwischen 2 Punkten zu wählen. Kurven gab es nur, wo sie wirklich unvermeidlich waren. Folglich keuchte das Taxi auch furchtbar angestrengt, als wir endlich am Startpunkt unserer Wanderung, der Boca da Corrida, ankamen.

Blick in die Berge von der Boca Corrida mit Pico Grande in der Mitte

Von dort war die Aussicht auf Madeiras zentrale Berge großartig. Wir bewunderten schon unverhohlen den Anblick, als ich noch dabei war, den Taxifahrer zu bezahlen und er versuchte uns zu sagen, dass es hier wunderschön sei. Da konnten wir nur voller Überzeugung nicken. Dann fragte er nach unserem Weg und als wir vor uns auf den Pico Grande deuteten, schüttelte er bedenklich den Kopf. Was er damit meinte, konnten wir wegen der Sprachschwierigkeiten nicht rauskriegen. Da wir aber nun schon hier waren, gingen wir los.

Zum Pico Grande

Zunächst liefen wir auf einem breiten Karrenweg in sanftem Auf und Ab durch Unmengen blühender Ginsterbüsche. Es sah klasse aus – und überhaupt nicht so richtig nach Bergen, Bergsteigen und alpinen Gefahren.

Das Gefühl, in einem Park spazieren zu gehen, legte sich gleich, als wir vom Weg abbogen, um über einen kleinen Trampelpfad zum Pico Grande hoch zu steigen. Gleich am Anfang erwartete uns ein wildromantisches Steilstück, das sogar ein Drahtseil aufwies. Wozu, erschloss sich uns nicht wirklich, denn der Pfad

Aufstieg über die Steilstufe

war zwar schmal, aber deutlich und gut zu gehen.

Nach der Steilstelle erschreckten wir eine Herde Ziegen und Schafe, die aufgeregt vor uns flüchteten. Ein Schaf war etwas langsamer als die anderen und als es dann merkte, dass es allein war, raste es plötzlich in irrem Tempo geradeaus den steilen Hang hinunter. Es war ein Wunder, dass es sich nicht überschlug.

Der weitere Weg führte uns über einen langen, sanft geneigten Hang mit kurzem Gras und haufenweise gelben Blümchen. Am Ende des

Hangs stand der steile Gipfelaufbau des Pico Grande, vom Aussehen her 2 Hörnern nicht unähnlich, und ich meinte den Anspruch des Berges, ‘alpin‘, zu verstehen. Wahrscheinlich würden wir ein paar Klettergriffe benötigen.

Oben angekommen erwies sich das jedoch als Trugschluss, denn der Weg führte um die felsige Seite Gipfels herum und wir mussten nur die letzten 10 Meter über Fels laufen. Laufen, nicht klettern.

Ganz oben

Der Gipfel war zwar nicht spektakulär und alpin, wie wir gehofft hatten, aber dafür war die Aussicht in alle Richtungen großartig. Vor allem der Blick Richtung Pico Ruivo fesselte uns und wir verfolgten mit dem Fernglas noch einmal, wo wir die Tage zuvor herumgelaufen waren.

Am Gipfel des Pico Grande mit Blick auf die zentralen Berge

Beim Abstieg sahen wir schon von weitem vier Männer den Berg empor steigen. Der Ralle meinte sofort, dass die vom Militär sein müssten. Mir fiel das erst auf, als sie ziemlich nah waren. Sie waren alle gleich gekleidet und schleppten dicke Rucksäcke und jeweils ein Gewehr mit sich herum.

Ob sich außer uns noch Leute da oben aufhielten, wollte der mit den meisten Streifen auf der Schulter von uns wissen. Nein, wir seien allein da gewesen, meinten wir. Die vier sahen sich irgendwie erleichtert an und gingen weiter. Mich beschlich das ungute Gefühl, die könnten da vielleicht eine Schiessübung oder so was abhalten. Wir legten einen Zahn zu beim Abstieg.

Blühender Ginsterbusch am Pico Grande

An der Abzweigung gingen wir den Weg weiter, auf dem wir ursprünglich gewesen waren. Er würde uns zur Boca Encumeada führen, wo wir mit dem Bus zurück nach Ribera Brava fahren könnten.

Richtung Boca Encumeada

Zunächst aber marschierten wir in flottem Tempo (der Ralle hatte vergessen, nach dem beschleunigten Abstieg wieder einen Gang runter zu schalten) entlang der Flanke des Pico Grande. Der Weg war inzwischen zu einem deutlichen Pfad geworden und schlängelte sich in mehr der weniger derselben Höhe durch dichten Bewuchs.

Macchia war das schon nicht mehr, so feucht und vielfältig war die Vegetation. Obwohl die meisten Pflanzen noch nicht blühten, konnten wir deutlich sehen, warum Madeira der 'Blumentopf im Atlantik' genannt wird. Wir genossen die ungewöhnliche Landschaft sehr.

Deutlich weniger gefiel uns die Tatsache, dass wir anscheinend auf einem der meist begangenen Wege der Insel unterwegs waren. Die Leute, die uns entgegen kamen, waren dabei das kleinere Problem. Auch wenn der Pfad schmal war, fanden sich doch meistens Stellen, die zum Ausweichen geeignet waren. Schwieriger war es, die Gruppen zu überholen, die in unsere Richtung liefen. Nicht alle waren so nett, kurz stehen zu bleiben.

Der Weg zur Boca zog sich ganz schön in die Länge. Es war heiß und drückend und so langsam hatten wir genug von der Landschaft. Und der Pass schien einfach nicht näher zu kommen, so viele Geländeformationen mussten wir ablaufen. Wir fingen schon an unsere Getränke zu sparen, um nicht am Ende ganz ohne da zu stehen und waren deswegen ständig durstig. Als der Weg schließlich in einem Eukalyptuswald im Halbschatten verlief, waren wir sehr froh darüber. Es war vergleichsweise kühl und der Schatten tat richtig gut. Und vor allem roch es gut.

Abschluss des Tages

Wir waren beide nicht böse, als wir endlich die Boca erreichten. Die heutige Etappe war doch ziemlich lang gewesen. Das Bier in der Bar schmeckte geradezu unverschämt gut. Nur die Tatsache, dass unser Bus jede Minute kommen musste, hielt uns davon ab, nach dem ersten Bier gleich weiter zu machen.

Wir setzten uns stattdessen am Meer in eine Strand-Bar und stillten dort unseren restlichen Durst. Nebenher besprachen wir die weitere Planung. Einen Tag noch hier, dann wollten wir uns wieder in die Wildnis verziehen. Da das wieder anstrengend werden würde und um noch ein wenig Sonne zu tanken, beschlossen wir, am nächsten Tag nur eine kleine Halbtagestour zu machen und dafür am Nachmittag Baden zu gehen. Ich bezweifelte zwar, dass das Wasser warm genug wäre, um rein zu gehen, aber einen halben Tag in der Sonne zu liegen, klang verführerisch.

Abends suchten wir uns ein kleines Restaurant in der Altstadt, um auch mal andere madeirensische Spezialitäten zu kosten. Die kleine Kneipe war leider ein Fehlgriff. Wir waren die einzigen Gäste (was eh schon blöd ist) und das Essen war mehr schlecht als recht. Nur unser Hunger machte es halbwegs schmackhaft.

Endlich mal Ausruhen
31.05.2001

Zur Levada Nova

Wir ließen den Tag gemütlich angehen und stapften nach einem ausgiebigen Frühstück auf der anderen Seite des Flusses die Strasse hoch, die uns zur Levada Nova bringen sollte. Auf der Karte sah es so aus, als verliefe diese Levada entlang der gesamten Südküste und der Führer beschrieb sie als sehr hübsch. Wir wollten nur ein kleines Stück gehen.

Dazu mussten wir uns aber erst mal diese Strasse hoch arbeiten, die genauso wie die Strassen, auf denen das Taxi gestern so geschnauft hatte, einfach geradeaus den Hang hinauf gebaut worden war. Es war ein steiler Hang und weil es eine Strasse war, gab es keine Stufen. Mit der Zeit stresste das unsere Wadeln auf Äußerste und wir waren wirklich froh, als wir endlich auf der Levada landeten.

Levada-Idylle

Zunächst waren wir ziemlich enttäuscht von der Levada, die doch so nett sein sollte. Sie war recht schmal und lief mit Abfall verziert zwischen den letzten Häusern entlang. Als wir die Häuser dann aber hinter uns gelassen hatten, zeigte die Levada dann doch, was sie drauf hatte. Blumen, Büsche, Bambushaine und Eukalyptuswäldchen säumten ihren Lauf und wir genossen die gemütliche Wanderung sehr.

Weiße Agapanthus

Im nächsten Dorf, nach etwa 2 Stunden gemütlichem Spaziergang, war unsere Wanderung schon wieder zu Ende. Wir mussten nur noch nach Tabua ans Meer absteigen und um die 2 Kilometer auf der Küstenstrasse nach Ribeira Brava zurücklegen.

Überraschend am Abstieg ans Meer war nur das Wasser, das plötzlich hinter uns den Berg hinab stürzte. Der Rinnstein wurde offensichtlich auch als Levada genutzt und es war anscheinend die Zeit für irgend jemanden gekommen, seine Felder zu wässern. Das Wasser rauschte mit irrer Geschwindigkeit geradeaus den Berg hinab und verschwand dann unter einer Querstrasse. Schon faszinierend, wie einfach und doch effektiv dieses Bewässerungssystem ist.

Palmblüte

Irgendwann auf unserer Levada-Wanderung war das Wetter schlechter geworden und als wir schließlich in Ribeira Brava am Strand ankamen, war es so diesig, dass der Himmel nicht zu sehen war. Es war warm und so legten wir uns trotzdem an den Strand. Dass ich die Sonnencreme vergessen hatte, würde bei dem Wetter keine Rolle spielen, dachten wir.

Am Strand

Außer uns waren nur wenige andere hartgesottene Bader, hauptsächlich ortsansässige Teenies, am Strand. Ich ging sogar einmal ins Wasser, das wie erwartet noch ziemlich frisch war. Der Ralle versuchte ein wenig zu schwimmen, doch die Wellen ließen ihn bald aufgeben.

Alles in allem war es nett und gemütlich und bald kam sogar die Sonne wieder raus. Schön. Und auch nicht schön, denn die vergessene Sonnencreme bescherte uns beiden einen fürchterlichen Sonnenbrand auf Rücken und Schultern. Gut, dass wir genau diese Körperteile nicht brauchen würden, um am nächsten Tag unsere schweren Rucksäcke zu tragen ...

Der Strand von Ribeira Brava

Im Hotel versuchten wir, all unseren Krempel wieder halbwegs geordnet in den Rucksäcken zu verstauen. Ein ziemlich schwieriges Unterfangen, weil wir natürlich inzwischen so gut wie alles ausgepackt hatten.

Bevor wir abends zum Essen gingen (In das bekannte Restaurant am Meer - keine Experimente am letzten Tag hier!) suchten wir noch einen Supermarkt heim und besorgten Proviant für unsere letzten 3 Wildnis-Tage. Und Wein natürlich, ohne den kein Camp-Abend zu denken gewesen wäre.

Nach Rabaçal
01.06.2001

Wieder Taxifahren

Keine Frage, auch diesmal würden wir ein Taxi nehmen, um an den Ausgangspunkt unseres zweiten Trips ins Hinterland zu kommen. Es wäre zwar auch ein Bus dort vorbei gefahren, aber der hätte uns erst gegen Mittag am Startpunkt abgesetzt. Viel zu spät. Wir waren beide schon ganz kribbelig und wollten wieder los ... die Auswirkungen eines halben Tags Faulsein am Strand.

So früh wie möglich gingen wir zum Taxistand, die Karte an der richtigen Stelle aufgeschlagen in der Hand. Wie sonst hätten wir sagen sollen, wo wir hin wollten?

Der Taxifahrer begrüßte uns mit einem breiten Grinsen. Es war derselbe Fahrer, der uns schon zum Pico Grande gefahren hatte. Beim Anblick der Karte schüttelte er wieder bedenklich den Kopf. Wir bedeuteten ihm, dass wir nach Rabaçal wollten und dass wir genau dort (mehrfaches Deuten auf der Karte) losgehen wollten.

Schließlich nickte er und wir luden ein. Während der Fahrt versuchte ich auf der Karte zu verfolgen, wo wir gerade waren, aber nachdem das Taxi die Küstenstrasse verlassen hatte und der Fahrer (vermutlich) ein paar Schleichwege genommen hatte, war ich verloren. Wir wurden am Rand eines kleinen Dorfes abgesetzt, wo eine schmale Strasse geradeaus den Berg hinauf führte.

Es geht los

"Rabaçal.", sagte der Taxifahrer und deutet die Straße hoch. Nun ja, die Richtung stimmte, doch ich war trotzdem nicht zufrieden. Ich hatte einen abgelegenen Waldweg heraus gesucht und nun standen wir an einer Strasse. Zugegeben, die war auch abgelegen, aber ... Egal, wir bezahlten erst mal das Taxi und machten eine Standortbestimmung.

Wir standen in Lombo da Atouguia, nicht weit von der Stelle weg, wo wir eigentlich hin wollten. Es wären gerade mal 2 Kilometer die Strasse zurück gewesen. 'Unsere' Strasse führte aber auch auf die Levada, die uns nach Rabaçal führen würde. Da hatte er recht gehabt, der Taxifahrer. Wir entschieden uns, gleich hier hoch zu gehen.

Nachdem wir das Dorf verlassen hatten, wurde das Sträßchen sogar richtig nett. Mit grobem Kopfsteinpflaster versehen führte es an einigen verlassenen (und teils zerfallenen) Häusern vorbei. Trotz der heftigen Steigung war es recht angenehm zu gehen, da wir meistens im Halbschatten laufen konnten.

Als wir die erste Levada (die Levada Nova) erreicht hatten, bogen

Die erste Pause

wir auf den Waldweg ein, den wir ursprünglich nehmen wollten. Er führte uns weiterhin steil bergauf, bis wir auf eine weitere Levada trafen. Hier hatten wir 2 Wege zur Auswahl, obwohl in der Karte nur einer eingezeichnet war.

Natürlich entschieden wir uns für den falschen Weg. Wir landeten in einer Sackgasse. Grad als wir umdrehen wollten, entdeckte der Ralle einen Pfad, der dahin zu führen schien, wo wir hin wollten. Ohne lang zu überlegen nahmen wir den Pfad. Wer mag schon gern umdrehen?

Auf der richtigen Levada

Die Entscheidung war goldrichtig. Wir kamen genau auf der Levada das 25 Fontes heraus, die uns unter dem Bergrücken hindurch nach Rabaçal führen würde. Zunächst jedoch landeten wir auf einer kleinen grasigen Ebene, auf der ein paar Hüttchen standen.

Mit uns kam ein Jeep bei den Hütten an, aus dem drei Bauarbeiter stiegen. Die schienen ihren Job recht locker zu sehen, denn sie machten erst mal Pause und kochten sich Kaffee. Uns sahen sie gelassen zu, wie wir uns auf die Tunnel-Durchquerung vorbereiteten. Im Wesentlichen bestand diese Vorbereitung darin, die Sonnenbrillen gegen die Stirnlampen zu tauschen.

Dann tappten wir hintereinander in den Tunnel hinein, Ralle vorne, ich hinten, wie gehabt. Der Tunnel war bei weitem nicht so lang wie der Pico Ruivo Tunnel, aber zunächst konnten wir das andere Ende nicht sehen. Das lag daran, dass es in der Mitte eine Art Holzverschlag gab, der den anderen Eingang verdeckte. Sobald wir daran vorbei waren, konnten wir den Ausgang sehen.

Der Tunnel entließ uns auf einen ummauerten runden Platz in einem engen Talschluss, der so bewachsen war, dass fast Dämmerung herrschte. Es war wunderbar kühl und von dem Vogelgezwitscher und dem Plätschern eines kleinen Wasserfalls abgesehen, traumhaft still. Wir beschlossen sofort, die erste große Pause des Tages hier zu machen.

Am Tunnelausgang

Am Tunnelausgang entdeckten wir eine Madonna, die mit frischen Blumen geschmückt war. Offensichtlich war der Tunnel oder der Platz davor etwas Besonderes. Er war auf jeden Fall besonders schön. Ich beschloss insgeheim, hier übernachten zu wollen.

Der Überfall

Gerade als wir es uns gemütlich gemacht hatten, sahen wir Lichter im Tunnel. Erst eins, dann zwei, dann drei, dann viele. Es dauerte nicht lang, dann quoll eine große lärmende Gruppe Holländer mit einer schrillstimmigen Reiseleiterin aus dem Tunnel. Wir hofften, die Ruhestörer würden gleich weiterziehen, doch das war vergebens. Als alle aus dem Tunnel draußen waren, fingen die doch glatt an, an Ort und Stelle Brotzeit zu machen!

Wir schauten uns wortlos an, packten unsere Siebensachen und gingen. Hier in Rabaçal, in der Gegend der vielen Wasserfälle und Levadas, würden wir ganz sicher einen anderen, ebenso schönen und viel ruhigeren Rastplatz finden.

Zunächst stiegen wir von der mittleren der drei Levada-Ebenen von Rabaçal (der Levada das 25 Fontes) auf die unterste Ebene, zur Levada da Rocha Vermelha, ab. Dieser Levada wollten wir ein paar Kilometer in das Tal der Ribeira Janela hinaus folgen.

Wasserhäuschen an der Levada Roche Vermelha

Kurz nachdem wir die unterste Ebene erreicht hatten, fanden wir eine wunderschöne ruhige Gumpe, an der wir gemütlich Brotzeit machten. Der einzige 'Lärm', der zu hören war, war das Zwitschern von ein paar Vögeln.

Dann folgten wir der Levada. Erst durch niedrigen Heidewald, dann durch eine steile Felswand hindurch in das Tal in Richtung Porto Moniz. Im Gegensatz zur Levada do Norte waren hier keine waaghalsigen Balancier-Manöver nötig, dennoch war der Abstecher landschaftlich sehr hübsch.

Wir passierten eine verlassene Levada-Baustelle (die Arbeiter waren uns eine halbe Stunde vorher entgegengekommen) und erreichten schließlich eine Stelle, wo ein Erdrutsch die ganze Levada verschüttet hatte. Dort kehrten wir um und gingen zurück in Richtung Rabaçal.

Bei der ersten Gelegenheit stiegen wir zur zweiten Levada-Ebene auf und stießen wieder auf die Levada das 25 Fontes und folgten ihr bis zu den 25 Quellen.

Die Quellen von Rabaçal

Die 25 Quellen

Diese 25 Quellen speisen einen kleinen Tümpel, der in einem kleinen steilen Kessel gelegen ist. Die Quellen sind wohl die unzähligen Rinnsale und Wasserfällchen, die von allen Seiten in den Tümpel plätschern. Ich versuchte sie zu zählen, kam jedoch – je nachdem, welche Wassermenge ich einem eigenständigen Wasserfall zugrunde legte – auf weniger oder mehr Quellen. Genau 25 zählte ich nie.

Nach einer gebührenden Pause machten wir uns auf den Weiterweg. Der Weg führte zunächst neben der Levada her, wurde dann aber immer schmaler und verschwand schließlich ganz. Wir kletterten auf die Levadamauer und spazierten oben neben dem Wasser her. Nach einer Weile kam uns ein älterer Herr in weißen Leinenschühchen entgegen und fragte uns, ob der Weg denn so bliebe. Wir erklärten dass da hinten wieder ein richtiger Weg anfinge.

Er freute sich ganz offensichtlich und ließ einen Pfiff los. Während wir uns noch wunderten, kletterten weiter vorne 3 ältere Damen auf die Levadamauer und begannen, sich in kleinen Trippelschrittchen in unsere Richtung zu bewegen. Aha, der Herr war die Vorhut! Wir quetschten uns aneinander vorbei, was mit den großen Trekkingrucksäcken nicht ganz einfach war und standen plötzlich vor einem Problem.

Der rüstige alte Herr war recht behände gewesen und hatte sich aktiv mit uns darum bemüht, dass wir aneinander vorbei konnten. Die drei Damen jedoch bleiben einfach stehen und ließen uns machen. Links war die Levada, 30 Zentimeter breit und 30 Zentimeter tief mit klarem fließenden Wasser, dahinter eine kleine aber glatte Wand. Rechts war ein undurchdringliches Gestrüpp aus Heidewald und wir standen auf einer Levadamauer, die im besten Fall 30 Zentimeter breit war. Und vor uns standen die Damen und warteten freundlich und geduldig lächelnd.

Es war nicht einfach. Mit einem Fuß an der Wand und einem Fuß knapp auf der Mauer lehnten wir uns, so weit es die Rucksäcke zuließen, in Richtung Felswand und ließen die Ladies vorbei trippeln. Sie bedankten sich auch artig, aber ein wenig mehr Unternehmungsgeist von ihrer Seite hätte die Sache bedeutend erleichtert. Es hätte nicht viel gefehlt und ich wäre in die Levada gefallen.

Wassserspiele

Wir erreichten die Abzweigung und stiegen zur dritten Ebene, zur Levada do Risco, auf. Es war nur noch ein kurzer Abstecher von hier bis zum Risco-Wasserfall, einer der großen Attraktionen der Insel.

Es war inzwischen 4 Uhr nachmittags, wir hatten außer vielen Höhenmetern auch einen ganzen Haufen Kilometer zurückgelegt. Ich hätte nichts dagegen gehabt, hier abzubrechen und zum Forsthaus Rabaçal, wo wir übernachten wollten, zu gehen. Ich war von dem Platz am Tunnel abgerückt, weil wir am nächsten Tag wieder zum Forsthaus aufsteigen müssten. Ich ließ mich trotzdem überreden, auch noch zum Wasserfall zu gehen.

Der Risco-Fall mit Tunnel

Glücklicherweise, denn was uns da in einem schmalen tiefen Kessel erwartete, war sensationell. Aus kaum zu erahnender Höhe fiel ein schmaler Wasserfall vor uns in die Tiefe und verschwand scheinbar im Nichts. Wir mussten bis an den Rand der kleinen Aussichtsplattform treten, um den Boden des Kessels sehen zu können.

Wie auf Madeira üblich fiel das Wasser nicht nur in diesem Wasserfall zu Boden, sondern rann und tröpfelte rund um den ganzen Kessel hinab. Die Wände waren dementsprechend so grün, als hätte jemand eine saftige Allgäuer Wiese zu einer Röhre gerollt und senkrecht gestellt.

Unsere Levada verschwand hinter der Plattform in einem Tunnel, verlief hinter dem Wasserfall in einem Bogen und trat am anderen Ende des Kessels wieder zutage. Hinter dem Risco-Fall konnten wir kleine Öffnungen und Fensterchen erkennen, die ganz offensichtlich zum Levada-Tunnel gehörten. Direkt dort, wo die Levada im Tunnel verschwand, stand ein leuchtend rotes Schild, das den Eintritt verbot.

Ich stellte den Rucksack ab, passierte das Schild und schlüpfte durch den kleinen Wasserfall, der den Tunneleingang benässte. Im Tunnel war es nicht weniger feucht und man musste höllisch aufpassen, nicht auszurutschen. Ich guckte durch jedes Fenster, bis ich am anderen Ende war und winkte von da dem Ralle zu, der noch damit beschäftigt war, eine Plastiktüte zum Fotoschutz umzubauen.

Den Wasserfall von hinten zu sehen war richtig nett. Wir vergnügten uns ein wenig mit den Gucklöchern und dem nassen Tunnel, bis Leute kamen. Ich ging zu den Rucksäcken zurück und schaute dem Ralle zu, der von den abenteuerlichsten Stellen aus Fotos in den wüstesten Blickwinkeln schoss.

Zum Forsthaus Rabaçal

Schließlich hatten wir beide genug und machten uns auf den Weg zum Forsthaus Rabaçal. Wir wollten schauen, ob wir dort bleiben könnten. Wenn nicht, wollten wir zu dem Platz vor dem Tunnel zurückgehen, von dem wir mittags von der lärmenden Holländergruppe vertrieben worden waren.

Am Forsthaus angekommen erkundeten wir die Umgebung und fanden direkt hinter dem Haus, auf einer etwas tiefer gelege-

Hinter dem Risco-Fall

nen Wiese, einen idealen Campingplatz. Es gab sogar ein kleines Waschhäusel mit einer Toilette. Jeder Gedanke an den schönen Platz vor dem Tunnel war verschwunden, besser als hier würden wir es nicht treffen.

Wir waren sicher, dass die Belegschaft des Forsthauses, 2 Männer und eine Frau, nichts dagegen haben würden, wenn wir da blieben, fragten aber vorsichtshalber (mit vielen Gesten und wenigen Worten) nach. Kein Problem.

Wir machten es uns gemütlich, packten schon mal die Matten und die Schlafsäcke aus und tranken den ersten Becher Wein. Ich hatte gerade angefangen, unser Abendessen – dicke Suppe mit vielen Nudeln – zu kochen, als plötzlich haufenweise Jugendliche auf dem Forsthausgelände herum stromerten.

Es stellte sich heraus, dass ein ganzer Bus voll Jugendlicher angekommen war, die vermutlich das Wochenende hier verbringen würden. Oje! Die Teenies betrachten uns neugierig von der oberen Wiese aus. Wir hatten den Eindruck, jeder einzelne müsse unser Campen hier ausführlich mit seinen Kumpels besprechen. Wir kamen uns vor wie die Attraktion in einem Zoo. Grmpf!

Als es im Forsthaus Essen gab, verschwanden alle und wir atmeten auf. Ich hatte übelste Bedenken wegen der Nacht. Ich sah lebhaft vor mir, wie sich allzu wache Jugendliche des Nachts Grüppchenweise an uns hinschleichen würden und irgendwelchen Blödsinn anstellen würden. Ich wollte weg. Sofort. Auf der Stelle!

Umzug!

Der Ralle war nicht so recht überzeugt und hatte überhaupt keine Lust, wieder alles zusammen zu packen. Es wurde dämmerig und die Teenies bezogen ihre Schlafsäle ... auf 'unserer' Seite vom Haus. Jetzt standen sie dauernd am Fenster und guckten runter.

"Komm, wir gehen!", forderte ich nachdrücklich. Jetzt ließ sich auch der Ralle überzeugen. Wir stopften alles wahllos durcheinander in die Rucksäcke, setzten die Stirnlampen auf und marschierten los.

Es war ein wenig schwierig, im Dunkeln den unbekannten Weg zum Platz vor dem Tunnel zu finden und der Weg war weiter als wir gedacht hatten, aber nach einer guten halben Stunde konnten wir ein zweites Mal unser Lager aufschlagen. Die Ruhe hier unten wurde nur vom Plätschern des kleinen Wasserfalls im Talschluss unterbrochen. Es war wundervoll.

Der lange Weg nach Porto Moniz
02.06.2001

Aufbruch

Der Morgen an unserem schönen Schlafplatz war ziemlich kühl. Kein Sonnenstrahl reichte bis zu uns hinunter und so fröstelten wir vor uns hin, bis endlich der Kaffee fertig war. Erst dann wurde uns langsam warm.

Dass unser Schlafplatz eine eingebaute Spülmaschine hatte, entdeckte ich gleich nach dem Frühstück. Ich musste die Kaffeebecher und das Besteck nur eine Weile unter den Wasserfall halten und schon waren sie ohne weiteres Zutun picobello sauber.

Wir räumten die Rucksäcke komplett aus und dann ordentlich wieder ein. Der überstürzte Aufbruch vom Forsthaus hatte für ein ziemliches Durcheinander gesorgt. Dann gingen wir los, erst mal zurück zum Forsthaus, wo wir unsere Wasservorräte auffüllten.

Meine Freiluftspülmaschine

Es war noch recht früh und im Forsthaus regte sich absolut nichts. Umso besser. Wir hatten nicht wirklich das Bedürfnis, die neugierigen Teenies noch mal zu sehen.

Zuerst mussten wir die Zufahrtsstrasse zum Forsthaus hinauf gehen, um auf den Bergrücken zu kommen, auf dem wir in Richtung Westen laufen wollten. Die heutige Tour war ein Risiko, denn weder Karte noch Führer erwähnten den Weg oder die Levada, die wir gehen wollten. Ich hatte den Weg nur aufgrund der Information von den beiden Franzosen geplant, die wir auf der Pico Ruivo Hütte getroffen hatten.

Strassenwandern

Die erste Etappe war deswegen auch nur Übergang. Wir mussten etwa 10 Kilometer auf einer glücklicherweise recht selten befahrenen Strasse laufen. Erst war es gar nicht schlimm. Dann wurde es langweilig. Und schließlich wurde es furchtbar nervig.

Rückblick zur Hochebene von Paúl da Serra

Sehnsüchtig erwarteten wir die Kreuzung, hinter der die Abzweigung die zur Levada Central da Ribeira Janela führen sollte, erscheinen sollte. Eine Kreuzung tauchte auf, doch von der Abzweigung war nichts zu sehen.

"Wie – 'Vielleicht hinter der nächsten Kreuzung'? Weißt du, wo wir hingehen oder weißt du das nicht?"

Der Ralle war sichtlich genervt.

"Naja", meinte ich. "Wenn die Franzosen nicht furchtbaren Schmarrn erzählt haben, dann gibt's da eine Abzweigung, die nach rechts runter führt, wo eine Levada sein muss. In der Karte ist nichts eingezeichnet und der Führer weiß auch nichts davon."

"Oje! Und du vertraust denen?"

"Sie haben gesagt, sie seien den Weg in umgekehrter Richtung gegangen. Also müsste es den Weg geben."

Sichtlich zweifelnd fügte sich der Ralle in sein Schicksal. Wenn die Abzweigung nicht existierte, würden wir noch 15 Kilometer auf der Strasse laufen müssen. Eine furchtbare Vorstellung! Bange erwartete ich die nächste Kreuzung.

Und schon von weitem sah ich das große gelbe Schild. "Unübersehbar" hatte der Franzose gesagt. Und es war nicht zu übersehen. Wir bogen auf den Weg ein und begannen bald abzusteigen. Laut Höhenmesser und nach der Karte hatten wir gute 800 Höhenmeter vor uns.

Sind wir auf dem richtigen Weg?

Mir taten bald die Knie weh und Hunger hatte ich auch. Kein Wunder, es war schon nach Mittag. Die Suche nach einem geeigneten Brotzeitplatz blieb jedoch erfolglos. Nirgends fand sich eine Sitzgelegenheit im Schatten. Wir stiegen weiter und weiter ab.

Der Weg verschmälerte sich von einer Fahrspur zu einem Pfad. Der Pfad wurde schmaler und stieg plötzlich an. Oh weh! Was, wenn wir einen falschen Weg gegangen waren? Mir graute unendlich davor, die 800 Höhenmeter wieder aufsteigen und dann auf der Strasse laufen zu müssen.

Plötzlich schien der Pfad völlig verschwunden zu sein. Nach einer kurzen Suche entdeckten wir ein paar Steigspuren, die steil über den feuchten laubbedeckten Waldboden nach unten führten. Sehr vorsichtig stiegen wir den rutschigen Abhang hinab.

Und landeten auf einem Absatz über einem breiten Levadaweg, der neben einer breiten Levada mit schnell fließendem Wasser herlief. Die Levada war so breit und tief, dass sich sogar Forellen darin tummelten. Wir querten die Levada über ein schmales Brücklein und schauten uns erst mal um.

Levada-aufwärts führte der breite Weg bequem durch lichten Wald. Levada-abwärts – unsere Richtung – lag ein Tunnel direkt vor uns. Ein Tunnel, von dem das andere Ende nicht zu sehen war. Ich hätte gerne erst mal Brotzeit gemacht, ließ mich dann aber überreden, zuerst mal den Tunnel hinter uns zu bringen. Das würde ja wohl nicht so lange dauern.

Schon wieder ein Tunnel

Diesen ersten Tunnel zu durchqueren dauerte auch nicht sehr lang. Der Ausgang war nur deswegen nicht zu sehen, weil der Tunnel einen Knick machte. Wir kamen in einer schmalen steilen Schlucht heraus, die vorne und hinten durch steile Felswände begrenzt war. Rechts fiel die Schlucht steil zur Ribeira Janela ab, links schien eine grüne Wand aus Urwald in den Himmel zu steigen. Es sah klasse aus.

Wieder im Tunnel

Die Levada machte einen kurzen Bogen und verschwand in der Felswand an der anderen Seite des Canyons. Auch hier war der Ausgang nicht zu sehen. Diesmal jedoch, weil der Tunnel so lang war. Wir stapften etwa 2 Kilometer weit hintereinander durch den feuchten Tunnel.

Der Tunnel war leichter zu gehen als der Pico Ruivo Tunnel, weil keine Schienen hindurch verliefen, dafür war er aber genauso niedrig wie der andere Tunnel. Wir rammten wieder alle naselang die Rucksäcke in die Tunneldecke und konnten gar nicht so gebückt gehen, wie es nötig gewesen wäre. Es war eine wahre Freude für die eh schon gestresste Muskulatur des unteren Rückens. Zudem war es feucht und ich hatte richtig Hunger. Entsprechend gut war meine Laune, als wir endlich aus dem Tunnel traten.

Hinein in ein idyllisches, lichtdurchflutetes Tal mit einem fröhlich vor sich hin plätschernden Bächlein, vielen Büschen und Bäumen und jeder Menge sonniger und schattiger Sitzgelegenheiten. Wir machten auf der Stelle Pause, was meine Laune so schnell hob, dass ich fast vergaß, überhaupt genervt gewesen zu sein.

Es war inzwischen früher Nachmittag und unsere erste Etappe war viel länger geworden, als wir gedacht hatten. Wir machten ausgiebig Pause (wobei wir unsere müden Füsse im Bach kühlten) und beguckten uns die Karten und die Führer.

Unsere Levada war hier noch gar nicht in der Karten verzeichnet, a-
ber der Führer wies auf ein Wasserhäuschen an genau dieser Levada
hin, für die er eine Route am unteren Ende kannte. Vielleicht wäre das
eine gute Stelle zum Übernachten. Das wäre dann zwar recht früh, aber
dass wir heute nicht bis nach Porto Moniz laufen könnten, war uns klar.
Das war viel zu weit. Und für den nächsten Tag sollte ja auch noch ein
Stück übrig bleiben.

Die Suche

Bevor wir müde wurden, machten wir uns auf den Weg. Der Weg entlang der Levada im üppig grünen Tal der Ribeira Janela in luftiger Höhe
über dem Fluß war wunderschön und sehr bequem zu gehen.

Bis zum Wasserhäusel war es weiter als wir gedacht hatten und als
wir es erreichten, waren wir ziemlich enttäuscht. Das Häuschen war direkt über der Levada errichtet worden und war höchstens 2 Meter breit
und 10 Meter lang. Der hintere Raum hatte keine Tür und wenn uns nicht
das hässliche Häusel schon davon abgebracht hätte, hier bleiben zu wollen – dieser Raum hätte es bestimmt geschafft. Voller Müll und Exkre-
mente. Bäh!

Wir hatten gehofft, hier sauberes Wasser auffüllen zu können, doch das war
vergebens. Wir schöpften also Wasser aus der Le-vada und kippten Micro-
pur hinein, um es zu des-infizieren. Unsere restli-

Anders ging's nicht: Wasser aus der Levada

chen Getränke leerten wir vorher und hofften, so schnell keinen Durst zu
bekommen. Zum Kochen würden wir Levadawasser nehmen können,
doch das Trinkwasser musste entkeimt werden.

Wir gingen weiter und hielten Ausschau nach einem geeigneten Platz für ein Lager. Vergebens. Die Levada bot nicht mal annähernd geeignete Lagerplätze und wir näherten uns schon bedenklich Porto Moniz. Es war schade um die wunderschöne Landschaft. Wegen der Lagerplatzsuche hatten wir nur noch oberflächliche Blicke für die Schönheit der Gegend übrig. Wir fingen an zu diskutieren, ob es überhaupt noch Sinn machte, irgendwo zu übernachten.

Levada-Idyllel

Ich war dafür, bei der nächsten Gelegenheit alles fallen zu lassen. Mir tat inzwischen alles weh. Die Knie, die Füße, die Schultern und die Hüften hatten Druckstellen und ich war kaputt. Der Ralle hatte Mitleid und als wir eine kleine Pause an einem Rastplatz mit einem Tisch und Bänken relativ dicht vor Porto Moniz machten (wo wir das erste Mal vom Levadawasser tranken, das inzwischen genügend desinfiziert war und das einen seltsam fischigen Nachgeschmack hatte), ließ er sich umstimmen. Wir würden hier bleiben. Es war gerade genug Platz, dass wir uns neben die Bänke legen konnten.

Gerade als wir diesen Entschluss gefasst hatten, spazierte ein Paar mit einem Kinderwagen an uns vorbei. So nah waren wir schon am Ort! Hier konnten wir nicht bleiben! Die beiden wären sicherlich nicht die einzigen, die an der schönen Levada spazieren gingen und noch mal wollten nicht das Ziel neugierigen Interesses sein.

Schweren Herzens (und schweren Fußes) brachen wir wieder auf. Wir erreichten bald einen Parkplatz, an dem wir die Levada verließen. Laut Führer müsste es vom nächsten Dorf, Lamaceiros, einen Treppenweg nach Porto Moniz hinunter geben. Entweder es war Erschöpfung oder wir stellten uns dumm an ... der Treppenweg war nicht aufzutreiben. Dafür fanden wir eine Bar.

Vorbei!

Die Gedanken-Kombination 'Bar = Bier + Telefon' brannte sich unauslöschlich in mein Hirn. Ich musste den Ralle nicht groß überreden, hier erst ein Bier zu trinken, dann ein Taxi rufen zu lassen und uns gemütlich nach Porto Moniz fahren zu lassen. Ah! Was war das Bier gut! Und die Erleichterung von den Füssen zu kommen war fast unbeschreiblich.

Das Taxi setzte uns vor dem erstbesten Hotel in Porto Moniz ab, das glücklicherweise sowohl ein Zimmer frei hatte als auch erschwinglich war. Das Zimmer hatte sogar einen hübschen Balkon, auf dem wir den Rest unseres weit gereisten Weins würden trinken können.

Zuerst jedoch duschten wir und gingen 3 Häuser weiter ins erstbeste Restaurant. Ich verweigerte standhaft das Ansinnen, noch ein Stückchen weiter zu laufen, um zu gucken, was es da sonst noch hätte. Bloß nicht mehr laufen!

Die Wahl war prima. Wir waren fast die einzigen Gäste, wurden äußerst zuvorkommend und aufmerksam bedient und die riesige Fischplatte vom Grill, die wir bestellt hatten, war überaus gut. Besser hätten wir es woanders bestimmt nicht getroffen.

Ich verweigerte auch den Spaziergang nach dem Essen und vertröstete den Ralle auf den nächsten Tag. Mir reichte der Anblick des Bettes, um fast noch im Stehen einzuschlafen. Das Glas Wein vor der wohlverdienten Bettruhe war fast schon anstrengend.

Rückreise nach Funchal
03.06.2001

Die Felsen von Porto Moniz

Der Bus von Porto Moniz nach Funchal ging erst gegen Mittag und so hatten wir den ganzen Vormittag Zeit, uns noch Porto Moniz anzuschauen. Mit der Rezeption hatten wir ausgemacht, dass wir das Zimmer erst um 12 Uhr räumen müssten und so konnten wir völlig unbeschwert, mit dem Badezeug in einer Plastiktüte bewaffnet, auf Entdeckungsreise gehen.

Das Besondere an Porto Moniz ist seine Lage vor einer wilden, zerklüfteten und zerrissenen Küste. Bizarr geformte Felsen, die der Fantasie eines Wahnsinnigen entsprungen zu sein scheinen, formen eine absurd anmutende Landschaft, die die Wellen des Atlantiks geradezu herauszufordern scheint, ihr Bestes zu geben.

Baden wäre an dieser Küste völlig außer Frage, wenn man nicht zwei Meerwasserschwimmbäder errichtet hätte. Ein paar der äußeren Felsdome wurden mit niedrigen Mauern verbunden, so dass bei Flut Wasser hinein schwappen kann, ohne innen jedoch allzu viel Unruhe zu verursachen. So können die Gäste gefahrlos ins Wasser.

Wilde Brandung an den Felsen vor Porto Moniz

Das hintere der beiden Bäder wurde gerade renoviert und wir nahmen uns die Freiheit, einfach auf der Baustelle herum zu laufen. Auf der äußeren Mauer hatten wir einen genialen Blick auf die Wellen, die wild gegen ein paar vorgelagerte Felsen brandeten. Es war nicht ganz ungefährlich da draußen, denn hin und wieder zischte eine etwas größer ausfallende Welle über die Mauer und drohte uns zu durchnässen. Gefährdet bei der Sache war vor allem die Kamera, nicht wir. Wir wären leicht abwaschbar.

Nachdem wir uns an der Brandung satt gesehen hatten (ein wenig zumindest, denn Wellen sind wie Feuer – man kann ewig zuschauen), gingen wir zum vorderen Bad. Hier war Wasser drin, doch es sah in meinen Augen wenig einladend aus. Im Vergleich zu dem klaren (aber sicherlich auch kalten) Wasser da draußen, schien brackige Brühe zu sein, was sich in den Becken befand. Die wenigen Badegäste stört das offensichtlich nicht, denn sie schwammen völlig unbeeindruckt in den größeren Becken herum.

Der Ralle das Brackwasser ebenfalls eklig und so beschränkten wir uns darauf, in Badeklamotten auf den Felsen herum zu klettern und alles zu bestaunen, was wir vorfanden: von der Sonne getrocknete Krabbenhüllen und alles mögliche Getier in den Becken, darunter auch ein einsamer Rochen, der wie ein kleiner Automat immer dieselbe Runde drehte.

Getrocknete Krabbenhülle

Die Rückfahrt

Gegen Mittag räumten wir unser Zimmer und gingen zur Bushaltestelle. Die Rückfahrt war ein Erlebnis für sich und dauerte den ganzen Nachmittag.

Die Strasse zwischen Porto Moniz und São Vicente war so schmal, dass der Bus vor jeder Kurve erst kräftig hupte, bevor er hinein fuhr. Kam ein Echo, hielt er sofort an.

In São Vicente mussten wir umsteigen. Dann fuhr uns der nächste Bus über die Boca Encumeada. Es war ein komisches Gefühl, noch ein letztes Mal unsere Touren vor Augen zu haben. Kaum zu glauben, dass wir schon auf dem Rückweg waren. Der Bus hielt eine Weile in Ribeira Brava und fuhr dann weiter nach Funchal.

Funchal war riesig und wir wussten nicht so recht, wo wir aussteigen sollten. Ich hatte auf eine Art Busbahnhof gehofft, an dem wir das Zentrum erkennen könnten, aber so etwas gab es wohl nicht. Wir stiegen an der ersten Haltestelle aus, nachdem der Bus die lange Strandpromenade mit dem Hafen verlassen hatte. Der Hafen musste auf jeden Fall in der Nähe des Zentrums sein, dachten wir.

Funchal

Im ersten Hotel wollten sie uns nicht nehmen. Es sei eine Messe, gab uns der Portier zu verstehen, deswegen sei es schwierig, ohne Reservierung ein Zimmer zu bekommen. Er schickte uns 2 Strassen weiter. Das zweite Hotel war zwar ziemlich teuer, aber es gab noch ein Zimmer für uns. Wir hatten keine Lust weiter zu suchen und blieben gleich da. Immerhin lag das Hotel mitten in der Altstadt.

Insgesamt drehten wir am Abend drei Runden durch Altstadt und Hafen. Die erste zum Erkunden und Kaffee trinken. Die zweite, um nach dem Duschen ein Restaurant zu finden. Wir wären beinahe auf der *Vagrant*, einem trocken gelegten Schiff, das einmal den Beatles gehört haben soll und das mitten in der Strandpromenade liegt, eingekehrt, entschlossen uns dann aber angesichts der gesalzenen Preise doch zu einer Pizza woanders. Die dritte Runde war der Nachtspaziergang, der uns dann auch entsprechend müde machte.

Hafenpromenade von Funchal bei Nacht

Ein Tag in Funchal
04.06.2001

Der Mercado dos Lavadores

Der botanische Garten von Funchal wurde in den Führern sehr gelobt und so hatten wir beschlossen, ihm einen Besuch abzustatten. Um uns unnötige Sucherei zu ersparen, fragten wir die freundliche Dame an der Rezeption, wo wir denn die richtige Bushaltestelle finden würden.

Die Frau war völlig von den Socken über diese Frage. Bushaltestelle? Ja, also, sie fahre nie Bus, sie habe ja ein Auto. Oh je! Oh wei! Sie könne uns da gar nicht helfen, es täte ihr furchtbar leid.

Und sie sah wirklich total niedergeschlagen aus. Dafür empfahl sie uns wärmstens in den Mercado dos Lavadores zu gehen. Da könne man das Beste der Produkte Madeiras sehen. Und sie beschrieb uns den Weg dorthin genauestens.

Wir hatten es nicht eilig mit dem botanischen Garten und gingen erst mal in den Mercado. Und es war klasse. Obwohl es so früh war, war alles schon voller Leute und man hatte fast das Gefühl, auf einem Basar zu sein.

In der vorderen Halle gab es Stände mit Blumen, Obst und Spezialitäten. Wir bewunderten die Blumen und rätselten, welche wohl dem harten Allgäuer Klima Stand halten würden. Wir kauften an einem Stand weiße und blaue Agapanthus und ließen uns an einem anderen Stand von einem unheimlich redseligen alten Mann verschiedene Calla-Zwiebeln aufschwätzen.

Im geschäftigen Mercado dos Lavadores

Dann testeten wir uns durch verschiedene Sorten Madeira-Wein, bevor wir uns für einen entschieden. Der Alkohol so früh am Tag machte uns wohl besonders anfällig für die Händler, denn wir wurden von einem Händler eingefangen, der uns durch alle möglichen Sorten exotisches Obst testen ließ. Wir kauften ihm danach unverschämt teure Baby-Bananen ab, aber der Obsttest war den Preis wert.

Schließlich besuchten wir auch noch die angrenzende Fischhalle. Neben dem eindringlichen Geruch waren vor allem die riesigen Thunfischteile beeindruckend, von denen die Händler mit riesigen Macheten große Stücken abschnitten. Die Dinger mussten extrem scharf sein, denn als einer der Händler ein großes Stück Thunfisch samt Rückgrat in handliche Quader teilte, schnitt die Machete durch wie durch Butter.

Azulejo (traditionelles Kachelbild) im Mercado dos Lavadores

Im botanischen Garten

Wir brachten unsere Beute zurück ins Hotel und gingen zur Bushaltestelle, die wir direkt neben dem Mercado dos Lavadores ausgemacht hatten. Der botanische Garten war sehr schön, allerdings konnten wir von der interessanten Ausstellung eingelegter und getrockneter Tiere im Haupthaus nichts verstehen. Da wurde alles auf Latein und auf Portugiesisch erklärt. Für uns hätte es ebenso gut Chinesisch sein können.

Immerhin sahen wir im botanischen Garten unser erstes Reet-Häuschen. Früher sei dieser Baustil der vorherrschende in Madeira gewesen, behaupteten die Führer. Das muss sehr lange her gewesen sein, denn *in Natura* hatten wir solche Häuser nie gesehen.

Der Ausflug durch den botanischen Garten war hübsch, nett und furchtbar anstrengend. Wir machten Pause am garteneigenen Kiosk und gönnten uns ein Sandwich und ein Bier. Vor allem letzteres war nötig, denn wir hatten beide ziemlich Durst. Der Ralle entdeckte ein *Bavarian Beer*, in dem sogar ein halber Liter drin war. Mir stieg das Bier schon nach dem ersten Schluck in den Kopf. Verwundert beguckten wir das Schild: 6,4% Oha! So starkes Bier gibt es daheim nicht.

Hibiskusblüte

Wir spazierten danach noch durch den angrenzenden Papageienpark. Es war ein deprimierendes Erlebnis. Ohne viel von Papageien zu verstehen, konnten wir deutlich sehen, dass die meisten Vögel alle Lebenslust verloren hatten. Ein grüner Papagei war fast nackt am Bauch und zupfte manisch an den verbliebenen Federn herum.

Als ich an einen Käfig mit mehreren kleineren gelbgrünen Vögeln trat, hatte ich ein nettes Erlebnis. Einer der Papageienvögel kam neugierig ans Gitter. Ich streckte ihm eine Haarsträne hinein und er zupfte daran. Ich zog zurück, dann zupfte er wieder. Es schien ihm Spaß zu machen, denn er sah traurig aus, als wir weiter gingen.

Zurück in Funchal suchten wir noch ein paar Läden in der Altstadt heim. Wir wollten auf keinen Fall mit zu wenig Gepäck nach Hause kommen.

Wieder nach Hause
05.06.2001

Abreise

Wir mussten erst am frühen Nachmittag zum Flughafen und verbrachten den ersten Teil des Vormittags mit einem weiteren Streifzug durch die kleinen Läden in der Altstadt. Dann mussten wir das Zimmer räumen und spazierten mit den großen, inzwischen bis in den letzten Winkel vollgestopften Rucksäcken zur Strandpromenade.

Nachdem wir Kaffee getrunken und einen vorzüglichen Hamburger gegessen hatten, gingen wir runter auf den Strand und sahen endlich doch noch die *Santa Maria* (eine Koge, die der Pinta von Christopher Columbus nachempfunden ist), die – leider unter Motor – in den Hafen einlief. Der Ralle war furchtbar enttäuscht gewesen, als wir am Vortag grad noch einen letzten Blick darauf erhaschen konnten, bevor sie hinter der Hafenmauer verschwand.

Der Bus zum Flughafen war ein ganz besonders antiquiertes Stück der Madeirenser Busflotte und wir kamen mit den vollgepackten Rucksäcken kaum durch den Mittelgang. Der Flughafen dagegen war neu. So neu, dass er noch gar nicht richtig fertig war. Wir verbrachten die Zeit bis zum Abflug in einer provisorischen Bar und liefen durch eine noch unverkleidete Gangway zum Flieger.

Ohne weitere Probleme kamen wir daheim an. Für mich war es der schönste Inselurlaub, den wir bisher gemacht haben und es steht fest, dass dies noch nicht unser letzte Besuch auf der Blumeninsel im Atlantik war.

Flaggen am Flughafen:
Europa, Portugal, Madeira

Selber machen?

Kein Problem. Kein großes zumindest.

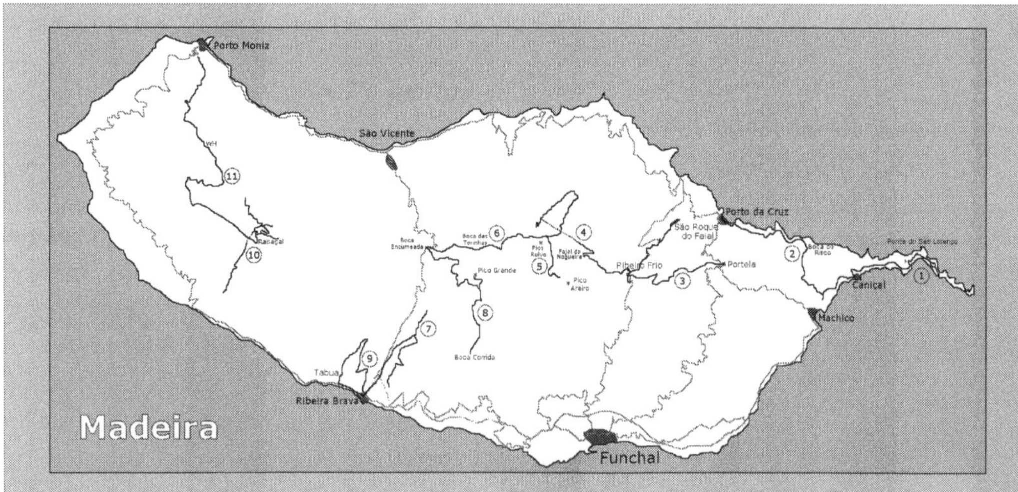

Hier sind die detaillierten Informationen zu unseren Touren. Es war zum Teil recht anstrengend, aber mit genügend Kondition und Durchhaltevermögen dürfte es für die meisten machbar sein. Wer es nicht ganz so stressig will, der kann sich auch einzelne Teilstücke unserer Touren vornehmen.

Bis auf unsere 'Spezial-Abstecher' (bei Route 4, Route 10, Route 11) sind die Routen auch ausführlich in den angegebenen Führern beschrieben. Wir haben sehr oft Teile aus mehreren Führertouren variiert, aneinander gehängt oder ergänzt.

Hier werden die Routen nur kurz angerissen. Mit Hilfe der Zeichnungen und einer Karte sollte es kein Problem sein, die Routen zu finden. Trotzdem dürfte es hilfreich sein, auch in den Führern nachzuschauen.

Bach bei Rabaçal

Kurzinfo Madeira

Die Insel im Atlantik ist 714 m^2 groß und gehört zu Portugal, obwohl sie näher an Afrika als an Europa liegt. Sie wurde vor etwa 20 Millionen Jahren durch vulkanische Tätigkeit aus dem Atlantik gehoben und weist die für Vulkaninseln typische Fruchtbarkeit auf. Genau betrachtet ist Madeira die Spitze eines Gebirges, dessen Flanken unter Wasser bis in eine Tiefe von 4000 Metern abfallen.

Der Passatwind beschert Madeira ausreichend Niederschlag, der durch den hohen Gebirgskamm in Inneren der Insel vorwiegend auf der Nordseite abregnet und der für reichlich Wasser und eine üppige Vegetation sorgt. Auch wenn es nicht immer und meistens nicht lange regnet, so muss man doch immer auf eine Dusche von oben gefasst sein.

Das Gebirge im Inneren Madeiras erhebt sich bis über 1800 Meter. Der Pico Ruivo ist mit 1861m der höchste Gipfel. Auch wenn die Berge Madeiras gut erschlossen und eher Mittelgebirgs- als alpinen Charakter haben, sollte man sie nicht unterschätzen. Auffallend sind die extrem steilen und tiefen Taleinschnitte, die mit ihren grünen Flanken fast an Hawaii erinnern.

Das Klima auf Madeira ist subtropisch und ganzjährig mild, wobei es im Gebirge im Winter auch gelegentlich schneien kann. Zum Baden lädt die Insel dennoch nur selten ein. Die Küsten sind schroff und steil und bieten nur an wenigen Stellen kleine Kies- und Steinstrände. Dafür finden sich auf der kleinen Nachbarinsel Porto Santo goldgelbe Sandstrände, die zum 'Braten' einladen.

Reethäuschen im botanischen Garten von Funchal

Die Routen

Route 1: Die Halbinsel São Lourenço

Vom Hafen in Caniçal folgen wir der Hauptstrasse in östlicher Richtung und dann bergauf, bis wir an eine große Kreuzung kommen. Hier folgen wir der Strasse nach rechts, zunächst zwischen hohen grünen Fabrikzäunen durch, dann in sanftem Auf-und-Ab bis zu einem Parkplatz. Im

Caniçal – Ponta de São Lourenço - Caniçal

Sommer steht hier ein Kiosk, wo man kühle Getränke kaufen kann.

Ab hier geht es auf Schotterpisten und schmalen Pfaden bis ganz hinter zur höchsten Erhebung der Halbinsel Ponta do São Lourenço. Wo sich der Weg gabelt, nimmt man den linken Weg. Der Rückweg erfolgt auf demselben Weg, wobei man auch diesmal an der Gabelung den linken Weg nimmt.

Strecke: 17km
Höhenmeter: 540Hm
Abkürzung:

Man kann sich etwa 10 Kilometer (5 Kilometer in einer Richtung) sparen, wenn man mit dem Auto oder mit dem Taxi bis an den Parkplatz fährt. Ein Bus fährt nur in der Hochsaison bis dorthin.

Küste an der Ponta do São Lourenco

Route 2: Nach Porto da Cruz

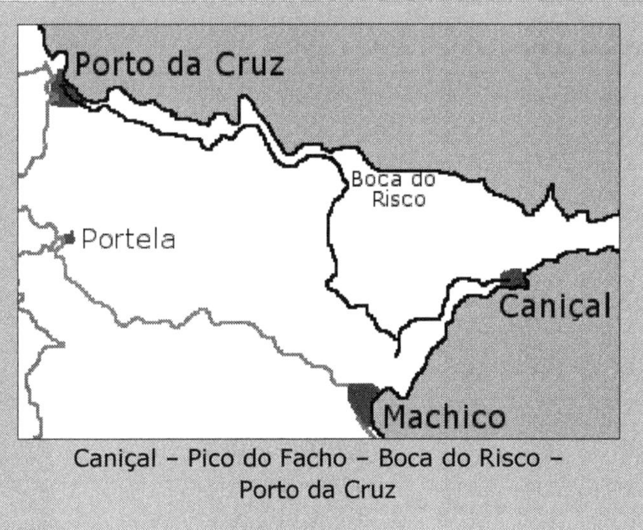

Caniçal – Pico do Facho – Boca do Risco –
Porto da Cruz

Vom Hafen in Caniçal gehen wir in westlicher Richtung am Strand vorbei und folgen einem schmalen Weg an einer Plantage vorbei bergauf. Nach wenigen hundert Metern trifft der Weg auf einen Fahrweg, dem wir nach links ein paar Meter bergab folgen, bevor wir nach rechts auf einen zweiten Fahrweg abbiegen, der nach wenigen Metern nach links über ein kleines steinernes Bogenbrücklein führt. Hinter dem Brücklein muss man sehr aufpassen. Eine schwer zu erkennende Trittspur führt nach rechts den Hang hinauf auf einen Strommast zu. Die Trittspur wird deutlicher und trifft schließlich auf die Strasse zum Aussichtspunkt Pico do Facho, von dem man die abenteuerliche Landebahn des Flughafens gut sehen kann.

Der Abstecher zum Aussichtspunkt führt nach links. Danach folgen wir der Strasse bergab, bis wir auf die Strasse durch den Tunnel nach Caniçal treffen. Wir queren direkt drüber und treffen auf die Levada do Caniçal, der wir so lange folgen, bis ein deutlich erkennbarer Weg über eine Wiese nach rechts abzweigt.

Dieser Weg führt zur Boca do Risco, wo man einen fantastischen Blick auf die steile Nordküste hat. Dem Pfad nach links folgend gelangt man schließlich nach Larano. Von hier führen fast alle Wege nach Porto da Cruz, der Weg über den Strand, für den wir auf halbem Weg nach unten nach rechts auf einen Treppenweg abbiegen, ist einer der schönsten.

Strecke: 17km
Höhenmeter: 485Hm

Route 3: Die Forellen-Levada

Von São Roque do Faial folgen wir der Strasse nach oben in Richtung Ribeiro Frio. Wo die Strasse auf die Hauptstrasse trifft, folgen wir dieser weiter bergauf, bis wir schließlich Ribeiro Frio erreichen. Die Abzweigung zur Levada do Furado befindet sich links ein wenig versteckt hinter einem Gasthaus und ist mit einem gelben Schild markiert.

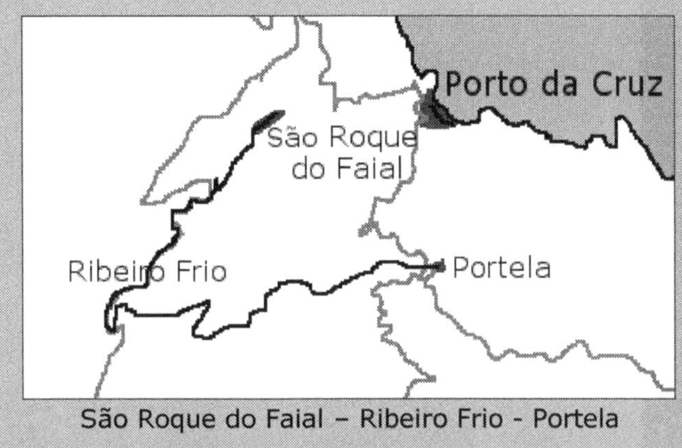

São Roque do Faial – Ribeiro Frio - Portela

Wir gehen an der Levada do Furado entlang, bis sie sich an einem Wasserhaus teilt. Hier folgen wir dem schmalen linken Teil, der Levada da Portela, deren Wasser über steile Stufen bergab schießt. Am Forsthaus Lamaceiros folgen wir dem Schild nach Portela.

Strecke:	17km
Höhenmeter:	675Hm
Tunnelmeter:	200m

Wasserfall an der Levada do Furado

Route 4: Durch den Pico Ruivo Tunnel

Ribeiro Frio – Kraftwerk Faja do Nogueira - Pico Ruivo Tunnel – Caldeirão Verde

In Ribeiro Frio folgen wir dem Spazierweg an der schmalen Levada do Furado zum Aussichtspunkt Balcões. Von dort gehen wir zurück auf den Weg und folgen der Levada nach rechts, vorbei an dem "Gesperrt" Schild.

Direkt nach der Engstelle, die auf der Levadamauer balancierend überwunden werden kann, folgen wir dem schmalen Pfad nach rechts unten zum Kraftwerk Faja do Nogueira, dann daran vorbei und weiter ins Tal hinein.

Nach den uralten Lorbeerbäumen gehen wir an der Gabelung rechts und treffen bald auf die Levada do Pico Ruivo. Wir folgen ihr nach rechts und gelangen nach einigen kleineren Tunneln in den Talschluss, wo der Pico Ruivo Tunnel direkt in den Berg hinein führt.

Auf der anderen Seite wenden wir uns nach links und gehen an der Levada do Inferno bis ins hinterste Ende des Tals. Dort drehen wir wieder um und kehren zum Tunnelausgang zurück.

Wir steigen auf einem kleinen Pfad zur Levada do Caldeirão Verde ab, der wir zur Caldeirão Verde und dann weiter folgen, bis nach einem schmalen Felsdurchlass ein mit Schildern bezeichneter Weg nach rechts abzweigt. Direkt an der Abzweigung befindet sich links hinter einem kleinen Wall eine flache Mulde, die prima zum Campen geeignet ist.

Tunnel gesperrt

Strecke: 16km
Höhenmeter: 645Hm
Tunnelmeter: 4000m

Route 5: Im madeirensischen Hochgebirge

An der Abzweigung folgen wir dem braunen Holzschild "Pico Ruivo" bergauf. Der Weg ist am Anfang nicht ganz leicht zu finden, wird aber bald zu einem deutlichen Hohlweg, dem wir bis auf den breiten Spazierweg von der Achada do Teixeira her folgen, wo wir uns nach rechts wenden und bald die Pico Ruivo Hütte erreichen.

An der Abzweigung wenige Meter unterhalb der Hütte gehen wir den Weg geradeaus in Richtung Pico do Areiro. Wo sich dieser Weg teilt, nehmen wir die rechte Abzweigung durch den kleinen Tunnel hindurch und folgen dem Weg bis zur Aussichtsplattform beim Pico do Areiro. Von hier gehen wir zunächst auf demselben Weg zurück. Wo sich der Rückweg teilt, nehmen wir auch hier die rechte Abzweigung und erreichen den ursprünglichen Weg hinter dem Tunnel. Von dort steigen wir zur Pico Ruivo Hütte auf

In der Pico Ruivo Hütte kann man kostenlos übernachten, wenn man sich vorher beim Fremdenverkehrsamt in Funchal angemeldet hat. Ohne Anmeldung darf man nicht hinein (auch nicht, wenn Platz ist), doch kann man auch rund um die Hütte sehr gut campen.

Strecke: 14km
Höhenmeter: 1610Hm
Tunnelmeter: 100m

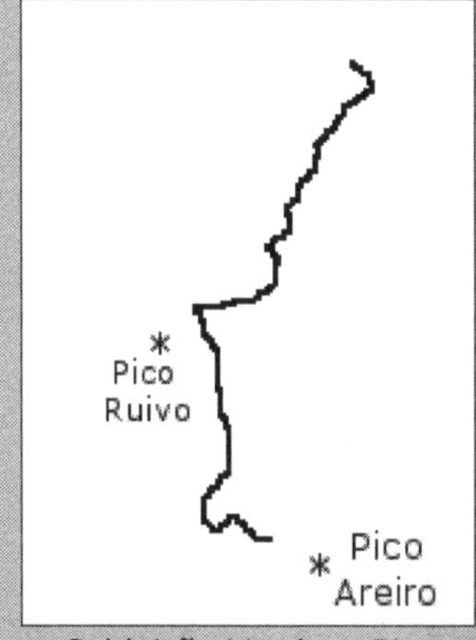

Caldeirão Verde – Pico Ruivo Hütte – Pico Areiro – Pico Ruivo Hütte

Weg zum Pico Areiro

Route 6: Entlang der Wasserscheide

Pico Ruivo Hütte – Pico Ruivo – Boca das Torinhas – Boca Encumeada

Von der Pico Ruivo Hütte aus folgen wir dem Weg bergauf, bis er sich kurz vor dem Gipfel gabelt. Rechts geht es zu einem kurzen Abstecher auf den Pico Ruivo, den höchsten Berg von Madeira. Der Aussicht wegen lohnt sich der Abstecher auf jeden Fall.

Wir gehen zur Gabelung zurück und folgen dem ursprünglichen Weg nach links. Ab hier halten wir uns immer mehr oder weniger an den Grat, ohne uns von rechts und links abzweigenden Pfaden irritieren zu lassen.

Nachdem wir die große Wegekreuzung an der Boca das Torinhas, passiert haben, steigen wir ein letztes Mal auf und folgen dem Pfad nach Westen, bis wir schließlich über unendlich viele Treppenstufen die Boca Encumeada mit der Bushaltestelle erreichen.

Strecke: 9km
Höhenmeter: 445Hm

Auf dem Weg zur Boca das Torinhas

Route 7: Levada extrem

In Boa Morte gehen wir ein Stück die Strasse hinauf, bis die Levada do Norte quert. Wir biegen nach rechts auf die Levada ab und folgen ihr zunächst durch lichten Kiefernwald und dann in gleichbleibender Höhe entlang der rechten Seite des Tals.

Nachdem wir das Dorf Eira do Murão, zu dem nur Treppenwege, keine Strassen führen, passiert haben, kommen wir an einen kleinen Durchlass. In dem Geländeknick dahinter kann man einen kleinen Abstecher zu einem hübschen Wasserfall machen. Bald danach passiert man einen Tunnel. Wer nicht schwindelfrei ist, ist gut beraten, hier umzukehren.

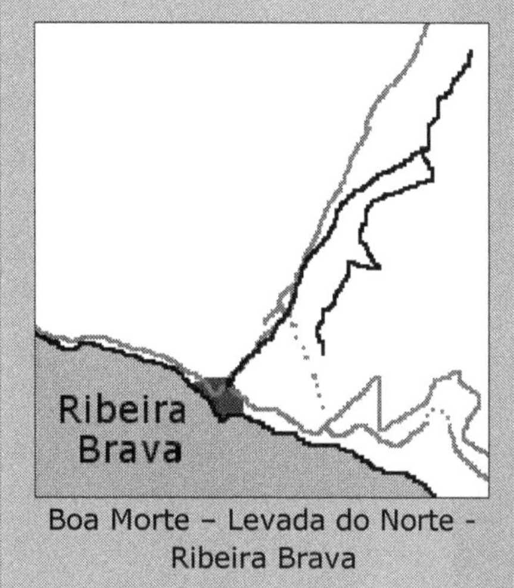

Boa Morte – Levada do Norte - Ribeira Brava

Ein kurzes Stück weiter beginnt der gefährliche Teil der Wanderung. **Absolute Schwindelfreiheit und Trittsicherheit ist unbedingt nötig!** Unter dem kleinen Wasserfall vor dem nächsten Tunnel kann man schnell durchschlüpfen, doch ist Vorsicht angebracht, der Untergrund ist rutschig.

Der Rückweg erfolgt wie der Hinweg. Beim Dorf Eira do Murão biegen wir nach rechts auf einen Treppenweg ab und folgen diesem ins Tal, bis wir die Strasse erreichen, die uns direkt zurück nach Ribeira Brava bringt.

Strecke: 16km
Höhenmeter: 110Hm
Tunnelmeter: 1000m

Rückblick auf die Levada in der Steilwand

Route 8: Auf den Pico Grande

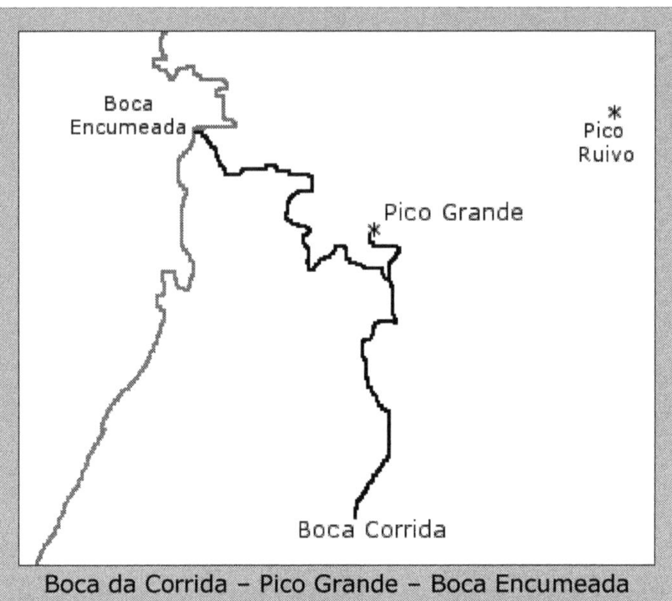

Boca da Corrida – Pico Grande – Boca Encumeada

Von der Boca da Corrida folgen wir dem breiten Fahrweg direkt nach Norden. Entlang eines Grates und in leichtem bergauf-bergab führt der Weg auf den Pico Grande zu. An dessen Fuss zweigt rechts ein Pfad ab, der nach wenigen Metern an einem lichten Wäldchen mit einem Verschlag vorbei führt. Hier biegen wir nach links ab und folgen schwer zu erkennenden Steigspuren, die sich kurz darauf zu einem Pfad verdichten, nach oben.

Der Pfad steigt bald steil an und überwindet eine Steilstufe im Gelände. Hier ist ein Drahtseil angebracht. Nach einer kurzen ebenen Strecke steigen wir über eine zweite Steilstufe und gehen dann in weiten Kehren über eine Bergwiese auf die schroffe Südseite des Gipfels zu. Kurz vor der Steilwand weicht der Weg nach links aus und führt von hinten auf den Gipfel. Oben muss man ein paar Meter leicht klettern (2-).

Wir gehen denselben Weg zurück, bis wir wieder an die Gabelung kommen, wo wir dem ursprünglichen Weg nach rechts folgen und den Pico Grande in gleichbleibender Höhe etwa zu einem Drittel umrunden. Dann knickt der Weg nach links und führt direkt auf die Boca Encumeada, wo sich eine Bushaltestelle befindet.

Strecke: 9km
Höhenmeter: 445Hm

Route 9: Endlich mal Ausruhen

Wir queren den Fluss über die Brücke am Meer und biegen gleich danach nach rechts auf eine steile Strasse ab. Durch das Gassengewirr des Dorfes oberhalb von Ribeira Brava halten wir uns nach oben und rechts (immer am Rand des Abbruchs zum Fluss) bis wir auf die Levada Nova stoßen. Der Levada folgen wir nach links.

Zunächst verläuft die Levada noch zwischen den letzten Häusern, dann führt sie durch das Tal von Tabua. Wo die Levada auf der anderen Talseite unter einer Strasse durchführt, verlassen wir sie und folgen der Strasse nach unten, bis wir bei Tabua die Hauptstrasse an der Küste erreichen.

Wir wenden uns auf der Küstenstrasse nach links und gehen zurück nach Ribeira Brava. Der Strand dort ist gut zum Baden geeignet.

Ribeira Brava – Levada Nova – Tabua - Ribeira Brava

Strecke: 12km
Höhenmeter: 435Hm
Tunnelmeter: 1000m

Abstieg nach Tabua

Route 10: Es geht wieder los

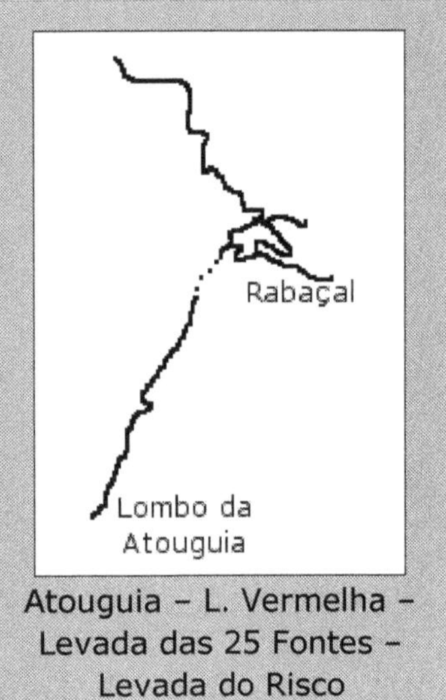

Atouguia – L. Vermelha –
Levada das 25 Fontes –
Levada do Risco

Wir folgen der steilen Strasse, die am östlichen Ende von Lombo da Atouguia von der Hauptstrasse abzweigt bis zur Levada Nova, queren sie und folgen dem Fahrweg weiter, bis er sich gabelt. Die linke Spur führt an einem Hof vorbei, hinter dem rechts ein Pfad weiter den Berg hinauf führt und der kurz unter dem Bergrücken auf die Levada das 25 Fontes trifft, der wir nach links durch den Tunnel hindurch und auf der anderen Seite noch ein Stück weiter folgen, bis ein deutlicher Weg nach links unten abzweigt.

Wir stossen auf die Levada Vermelha, der wir nach rechts folgen, bis wir an einen großen Wasserfall gelangen. Hier kehren wir um. Vor dem Weg, mit dem wir auf die Levada gelangt sind, zweigt links ein deutlicher Pfad ab, der uns zur Levada das 25 Fontes bringt. Wir folgen der Levada nach links zu den 25 Quellen.

Wir gehen auf demselben Weg zurück, an dem Aufstiegsweg vorbei und treffen, nachdem wir ein kleines Tal über eine Brücke gequert haben, auf einen breiten Pfad, der nach links oben abzweigt. Wir folgen dem Pfad auf die Levada do Risco und folgen ihr nach links bis in den Kessel mit dem Risco-Wasserfall nach. Der Weg unter dem Wasserfall durch ist gesperrt und ziemlich nass und rutschig, aber höchst interessant. **Vorsicht beim Reingehen!**

Wir verlassen den Wasserfall wieder auf der Levada und erreichen schließlich das Forsthaus Rabaçal. Hier kann man Wasser nachfüllen. Wenn das Forsthaus leer ist, findet sich auf der untersten Wiese eine gute Camping-Möglichkeit. Wenn nicht, geht man hinter dem Forsthaus auf einem deutlichen Pfad zurück zur Levada das 25 Fontes und weiter zurück bis zu dem großen Platz vor dem Tunnel.

Strecke: 16km
Höhenmeter: 880Hm
Tunnelmeter: 800m

Route 11: Der lange Weg nach Porto Moniz

Vom Tunnel gehen wir zurück zum Forsthaus Rabaçal und folgen der Zufahrtsstrasse bis auf die Hauptstrasse, wo wir rechts abbiegen. An der ersten Straßenkreuzung bleiben wir auf der Hauptstrasse. Kurz hinter der zweiten Kreuzung biegen wir auf einen breiten Fahrweg ab, der mit einem gelben Schild gekennzeichnet ist.

Der Fahrweg windet sich in Kehren nach unten, wird schmaler und geht schließlich in einen Pfad über. Wo sich der Pfad im Wald zu verlieren scheint, findet man Steigspuren, die einen steilen Hang hinab auf die Levada Central do Ribeira Janela führen.

Wir folgen der Levada nach links, durch diverse Tunnel und entlang vieler Geländeeinschnitte bis nach Lamaceiros. Von dort nach Porto Moniz sind es weitere 5 Kilometer, die sich am leichtesten mit dem Taxi zurücklegen lassen.

Strecke: 30km
Höhenmeter: 550Hm
Tunnelmeter: 3500m

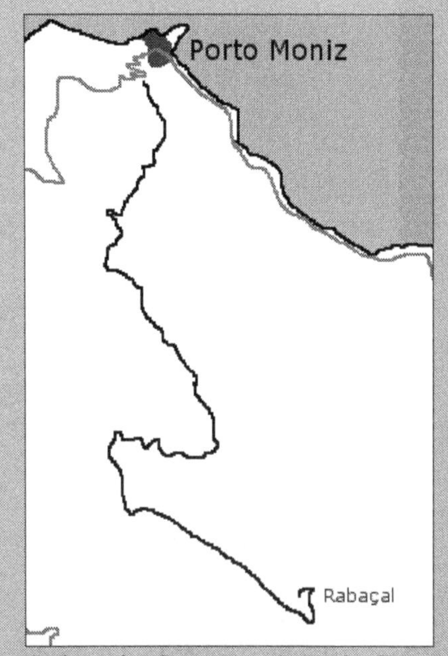

Rabaçal - Strasse – Levada Central do Ribeira Janela - Lamaceiros – Porto Moniz

Das Tal der Ribeira Janela

Touristische Hinweise

Ausrüstung

Grundsätzlich reicht die Basis-Austattung eines normalen Wanderers für alle Ein-Tages-Touren aus: Feste Schuhe, wetterfeste Kleidung, etwas Warmes für alle Fälle und genug zu essen und zu trinken. Ein kleiner Medizinpack (Pflaster beispielsweise) ist sicherlich auch nicht verkehrt. Die Checkliste auf den nächsten Seiten kann zur Orientierung dienen.

Unbedingt notwendig ist eine Taschenlampe oder eine Stirnlampe, um die Levada-Tunnels gefahrlos begehen zu können.

Wenn die Touren über mehrere Tage gehen, wird die Ausrüstung zwangsläufig mehr. Matte und Schlafsack dürfen nicht fehlen, die weitere Ausrüstung – Zelt oder Biwaksack, Kocher, Geschirr, usw. – hängt von der persönlichen Vorliebe und Tragekraft ab. Man sollte nicht vergessen, dass sauberes Trinkwasser nicht überall leicht zu beschaffen ist und gegebenenfalls entkeimt werden muss.

Anforderungen

Bis auf wenige Ausnahmen sind Wanderungen auf Madeira 'technisch' nicht übermäßig anspruchsvoll. Selten müssen gefährliche oder schmale Stellen überwunden werden. Hin und wieder ist ein guter Orientierungssinn nötig, da das verfügbare Kartenmaterial bei weitem nicht so gut ist, wie man sich wünschen würde.

Die konditionellen Anforderungen halten sich auf den meist mehr oder weniger ebenen Levada-Wanderungen ebenfalls in Grenzen. Anstrengend wird es, wenn im Gebirge Höhenmeter zurückgelegt werden müssen. Dabei sind abzusteigende Höhenmeter ebenso zu beachten wie knie-schonende aufzusteigende Höhenmeter.

Klima

Madeira hat ein recht gemäßigtes Klima, so dass es das ganze Jahr über als Ziel gelten darf. Die stabilste Wetterlage findet sich von Juni bis September. Im Hochgebirge kann es im Winter gelegentlich schneien.

Karten & Führer

Führer / Karte	Bewertung
Rother Wanderführer Madeira Rolf Goetz 2001, Bergverlag Rother ISBN: 3-7633-4274-5	Sehr gut! Verlässliche Einschätzung des Schwierigkeitsgrades, gut beschrieben, viele Touren.
Wandern auf Madeira Harald Pittracher 2001, DuMont Aktiv ISBN: 3-7710-4774-X	Sehr gut. Deutlich und ausführlich beschrieben. Zeitangaben sind sehr knapp.
Marco Polo Madeira 2000, Mairs Geographischer Verlag 3-86525-712-5	Gut. Nur wenige Wanderungen. Sehr knapp beschrieben. Viele allgemeine Informationen
Madeira, 1:50.000 Kompass Wanderkarte Kompass-Karten GmbH ISBN: 3-85491-054-1	Geht so. Leider nicht ganz aktuell.
Madeira, 1:75.000 Auto- und Wanderkarte freytag & berndt ISBN: 3-85084-313-0	Schlecht. Auf unserem Exemplar gab es keine eingezeichneten Fußwege und Pfade.

Die Bewertungen sind meine ganz persönliche Meinung und resultieren aus der Nützlichkeit der jeweiligen Karten oder Führer auf der Reise. Es gibt noch viel mehr Reiseführer über Madeira; Die angegebenen hatten wir dabei.

Verkehrsmittel

Es ist kein großes Problem mit dem Bus auf Madeira herum zu reisen. Es erfordert jedoch sorgfältige Planung, denn viele Buslinien fahren nur ein oder zwei mal am Tag. Wir haben uns direkt am Flughafen einen Busfahrplan besorgt, der uns (zusammen mit den Fahrplänen in den Führern) gute Dienste erwiesen hat.

Für Trips abseits der Busrouten bietet sich auch ein Taxi an. Man kann sich auf Madeira auch problemlos ein Auto mieten.

Die Checklisten

Basis-Ausrüstung

Tages-Rucksack	
Wanderstiefel (mit vernünftigen Trekkingsocken)	
Evtl. Teleskop-Stöcke	
Taschenlampe / Stirnlampe / Ersatzbatterien	
Atmungsaktive Kleidung, die den Schweiß schnell vom Körper ableitet. Am besten schon entsprechende Unterwäsche anziehen.	
Wetterfeste Jacke (möglichst atmungsaktiv)	
Evtl. Regenhose	
Langärmeliger Pulli oder Hemd (kann bei einem Wettersturz wärmen oder bei zuviel Sonne schützen)	
Lange/kurze Hose zum Wechseln	
Kappe mit Schild	
Sonnenbrille	
Viel zum Trinken	
Brotzeit	
Pflaster, Schere, Pinzette	
Evtl. Desinfektionsspray für Verletzungen	
Kleines Nähzeug	
Taschenmesser	
Ausreichender Sonnenschutz (auch für die Lippen)	
Evtl. Hirschtalg (beugt Blasen vor)	
Klopapier (kann sehr wichtig sein)	
Karten, Führer	
Evtl. Kompass und Höhenmesser	
Evtl. Handy	
Spielzeug (Foto, Digifoto, sonstiges)	
Kaugummis (gut gegen trockenen Mund bei anstrengenden Abschnitten)	

Ausrüstung für mehrere Tage

Evtl. Zelt oder Biwaksack	
Matte	
Schlafsack	
Evtl. Kocher ('Munition' – Spiritus, Esbit, usw. - nicht vergessen!)	
Evtl. Kochgeschirr	
Wasserentkeimungs-Mittel (Micropur o.ä.)	
Warme Unterkleidung (es wird abends oftmals erstaunlich kühl)	
Waschzeug	
Paketschnur, Tape (kann unheimlich nützlich sein)	
Aspirin, Durchfalltabletten	
Evtl. Badezeug	
Müllbeutel	
Müsli-Riegel, Studentenfutter für Notfälle	

Hinweis zum Campen

Wildes Campen ist natürlich überall verboten. Wenn man es dennoch tut, ist es Ehrensache, den Platz genau so oder sogar schöner zurück zu lassen als man ihn vorgefunden hat. Wenn der Rückweg in die 'Zivilisation' nicht mehr weit ist, tut es nicht weh, auch Müll, den ein Dreckschwein in der schönen Natur zurück gelassen hat, mitzunehmen. Was man nicht mitnehmen kann, sollte man zumindest vergraben oder zudecken.

Gibt's die Bilder auch in bunt?

Ja.

Wer möchte, kann sich die Bilder in Farbe unter:

http://www.obadoba.de/chronik/madeira/

anschauen. Einfach auf 'Bilderbuch' klicken.

Wer?

Andrea

Beschäftigt sich im *normalen Leben* mit Computern, Hardware und Software und schleppt immer Technik-Spielzeug mit sich herum. Ihr fauler innerer Schweinehund wird immer wieder durch ihre Liebe zur Natur und den Bergen von seinem bequemen Ruheplatz gescheucht. Dass sie sich nur anstrengt, um darüber schreiben zu können, ist jedoch ein bösartiges Gerücht.

Ralle

Hat seine Liebe zu den Bergen erst spät entdeckt, dafür ist sie umso heftiger ausgebrochen. Sein analytischer Verstand und sein ausgeprägter Hang zu körperlicher Betätigung lässt ihn alle Schwierigkeiten mit spielerischer Leichtigkeit aus dem Weg räumen. Ein unverzichtbarer Gefährte in allen Situationen.

Bisher

1995 – Radeln in Korsika
1996 – Trekking in den Pyrenäen
1998 – Radeln in Korsika
1999 – Trekking auf Teneriffa
2000 – Trekking auf Gran Canaria
2001 – Trekking auf Madeira
2001 – Wandern auf den Liparischen Inseln

In der restlichen Zeit machen die beiden das Allgäu und den Rest der Alpen unsicher.